各美其美
美人之美
美美与共
天下大同

嵩山

SONGSHAN

2018 春

嵩山论坛 主办

《嵩山》编委会 编

中原出版传媒集团
中原传媒股份公司
大象出版社
·郑州·

图书在版编目（CIP）数据

嵩山.2018.春/《嵩山》编委会编.—郑州：大象出版社，2018.9
ISBN 978-7-5347-9932-7

Ⅰ.①嵩⋯ Ⅱ.①嵩⋯ Ⅲ.①中华文化—文集 Ⅳ.①K203-53

中国版本图书馆CIP数据核字（2018）第209476号

《嵩山》编委会

名誉主编	杜维明
主　　编	张广智
副主编	张冠生
编　　委	许红海　郭旃　王耀　王旭升
	杨丽萍　赵保佑　王守国　董林
	王哲　张俊峰　王学珺　齐岸青
	王鸿勋　王刘纯　薛正强　陈虹杉

嵩山
2018 春

出 版 人	王刘纯
责任编辑	李建平
责任校对	张迎娟　毛路
书籍设计	腾顿文化传媒
封面摄影	郑泰森

出版发行	大象出版社（郑州市开元路16号　邮政编码 450044）
	发行科　0371-63863551
	总编室　0371-65597936
网　　址	www.daxiang.cn
印　　刷	洛阳和众印刷有限公司
经　　销	全国新华书店
开　　本	890 mm×1240 mm　1/16
印　　张	7.5
字　　数	179千字
版　　次	2018年9月第1版　2018年9月第1次印刷
定　　价	50.00元

若发现印、装质量问题，影响阅读，请与承印厂联系调换。
印厂地址　洛阳市高新区丰华路三号
邮政编码　471003　　　电话　0379-64606268

编者说明：因通信地址资料不足而致联系不便等原因，所选部分论文的摘要和关键词系编者依据论文代拟，其中若有不合作者本意处，还请不吝指教。我们愿承担责任并致歉忱。

目录

[卷首-自道]	九流一源，殊途同归 张广智	001
[对话-知音]	关于"文化自觉"的一次对话 费孝通　李亦园	005
[论道-天问]	从轴心文明到对话文明 列奥纳德·斯维德勒	016
	现代世界的转型和文明对话的障碍 亚历山大·丘马科夫	026
	我们是否能够克服全球危机？ 理查德·福尔克	032
	文明相遇、交融与共存的模式 巴特	043
	"天下为公"的中国 ——在儒家、马克思主义与民主之间 卜松山	049
[实证-独白]	与时偕行的中国农耕文化 罗志田	058
	冷战与意识形态的冲突 ——"周以德与新中国"的个案研究 高艳丽	065

目录

[实证－独白] 从轴心文明到对话文明的个人反思　　076
杜维明

贵州少数民族生态意识、现状及未来　　084
顾久

[圆桌－群议] 超越"体用"，体察"互根"　　087
余世存

儒家文明的未来　　089
黄玉顺

孔子和法拉比的相似主张　　091
萨里姆热诺夫娜

谦卑我心，成己成人　　093
古拉姆瑞扎·阿瓦尼

和而不同的对话文明　　095
亚历山大·丘马科夫

[史鉴－回声] 宗教的六期进化形态和功能　　097
康白情

明日中国之文化　　101
张君劢

[书架－新语] 人类文明：理论、历史与碰撞
——近期出版的人类文明类书籍选介　　106
刘苏里

DIRECTORY

[Attitude]	Several Rivers with One Source, Different Means toward One Goal Zhang Guangzhi	001
[Dialogue]	A Dialogue on "Cultural Self-awareness" Fei Xiaotong and Li Yiyuan	005
[Super Problems]	From Axial Civilization to Dialogical Civilization Leonard Swidler	016
	The Transformation of the Modern Society and Hindrance in Civilization Conversation Alexander N. Chumakov	026
	Can We Overcome the Global Crises? Richard Falk	032
	The Encountering, Blending and Co-existent Modal of Civilization S. R. Bhatt	043
	China with the Tradition of " the Whole World as One Community " Karl-Heinz Pohl	049
[Individual Cases]	Chinese Farming Culture Moving Forward with the Age Luo Zhitian	058
	Cold War and Ideological Conflicts Gao Yanli	065

DIRECTORY

[Individual Cases]	Personal Reflection from Axial Civilization to Dialogical Civilization Du Weiming	076
	The Ecological Consciousness of Guizhou Minorities, Its Status Quo and Future Gu Jiu	084
[Group Discussion]	Beyond the Branch, Turning to Interdependence Yu Shicun	087
	The Future of Confucian Civilization Huang Yushun	089
	Confucius and Al-Farabi Have Similar Claims Akmaral Syrgakbayeva	091
	Bow in My Heart, Be Myself and Be Himself Gholamreza Aavani	093
	The Transformation of the Modern World and the Obstacles to Civilized Dialogue Alexander N. Chumakov	095
[Echo of History]	Six Evolutionary Forms and Functions of Religion Kang Baiqing	097
	Chinese Culture of Tomorrow Zhang Junmai	101
[Book Review]	Human Civilization: Theory, History and Collision Liu Suli	106

Several Rivers with One Source, Different Means toward One Goal

九流一源，殊途同归 ▪ 张广智

嵩山地区是华夏文明最早的发源地之一，是中国古代最早的政治、经济、文化中心，在中华文明五千年的发展进程中，始终居于核心地位。儒、释、道是构成中国文明的骨干，它们在嵩山地区碰撞、交流、互鉴，演化为你中有我、我中有你的圆融共生境界。目前少林寺保有朱载堉所绘的《混元三教九流图赞》碑，图中儒、释、道合为一体，左边是道家的创始人老子，右边是儒家的创始人孔子，两人侧身对坐，合成佛祖释迦牟尼的正面形象。三人共捧"九流水源图"，象征着"三教一体，九流一源，百家一理，万法一门"。

登封"天地之中"历史建筑群是世界历史文化遗产，其中的嵩岳寺塔塔基上有精美的古印度浮雕，汉三阙上有西方魔术和马术表演的内容。少林寺塔林建筑风格多样，这些都留有华夏文明与世界其他文明交流的历史印记。

我们举办嵩山论坛的初衷和主旨，就是促进华夏文明和世界其他文明对话交流，互学互鉴，让世界更多了解中国，也让中国更多了解世界。我们认为世界各种文化文明都有自己的长处，自己的精华，否则早就会被人类发展的历史长河所淘汰。同时，我们也认为各种文明都有自己的短处和不足，否则当今社会就不会存在那么多的矛盾和问题。这就使各文明之间进行对话交流成为必要。只有通过对话交流，才能促进共同繁荣。

费孝通先生有一句话说得非常好："各美其美，美人之美，美美与共，天下大同。"各种文明既要欣赏自己的美，弘扬自己的美，也要学习别人的美，借鉴别人的美，用别人之长补己之短，只有这样才能走向世界大同，创造人类更加美好的未来。

嵩山论坛自创设至今，已成功举办了五届，在各方有志之士共同努力下，取得了丰硕成果，产生了广泛影响。2017年论坛主题是"成己成人，共建天下文明"。中国古代有这样的一个优良传统：提倡知识分子（古代叫"士"，民间称为读书人）立身要有"天下情怀"，处世要有"君子情怀"。立身说的是一个人，一个知识分子，要走怎样一条人生道路，理想当然是修身、齐家、治国、平天下。修身就是要完善自己，就是成己，然后以自己为圆心，推广开去，推广到家，推广到国，推广到天下，也就是在完善自己的基础上再去帮助别人，帮助别人也就是成人。先成己后成人，不成己就谈不上成人。齐家是成人，治国是成人，平天下也是成人，应该说成己的目的就是为了成人，就是天下情怀。

有一段很著名的话，认为知识分子应该有"为天地立心，为生民立命，为往圣继绝学，为万世开太平"的理想。当然一个人或者是一个知识分子，面对纷繁复杂的社会，穷达难料，但是仍然提倡"穷则独善其身，达则兼济天下"。穷困时独善其身，虽无法去济天下，但并不失"天下情怀"。

处世要具有"君子情怀"，处世即与人打交道，应当做到"己欲立而立人，己欲达而达人""己所不欲，勿施于人"。作为一个君子，对于国家、对于天下，应当做到"先天下之忧而忧，后天下之乐而乐"。"君子喻以义，小人喻以利。"这一种价值观，实际上就是要求知识分子在人生中应该如何做人，应该怎样成就一个君子的人生。

随着科学技术的发展，世界各地的人们交流越来越便捷。地球现在越来越小，所以才有"地球村"的概念。任何民族，任何国家，任何文明，都无法孤立地生存在这个地球上。不少的问题都是全人类共同面对的问题。我们希望论坛上的诸君和全世界有良知的知识分子在关注自身所属文明的同时，也关注其他文明类型，尽量发现他者的长处和精华，积极参与文明对话和交流，共同探求破解人类所面临共同问题的方法和途径，共同关注人类命运，共同构建天下文明。

Several Rivers with One Source, Different Means toward One Goal

■ Zhang Guangzhi

The region of Mount Song was one of the earliest origin places of Chinese Civilization. It used to be the centre of politics, economics and culture in ancient time. In the history of our 5, 000-year civilization, it has played a crucial role. The essence of Chinese culture is based on Confucianism, Buddhism, and Taoism, and the three of them have reached a harmoniously co-existent state by conflicting with, communicating with, and drawing lessons from each other, and finally merged together. Shaolin Temple still retains the stele entitled *The Panoramic Painting of People from All Walks of Life* painted by Zhu Zaiyu, in which Confucianism, Buddhism, and Taoism are represented in one scenario, with Laotzi, the creator of Taoism, on the left, and Confucius, the founder of Confucianism, on the right. Laotzi and Confucius are seated sideways opposite each other, and together their pictures form Sakyamuni's frontal picture. Three people hold "nine streams of water map", symbolizing " the union of three religions, the same source of truth, the same way of exploration".

The ancient architectural complex in the region of Mount Song called "Between the Heaven and Earth" is one of "World Heritages of History and Culture". For example, the Pagoda of Songyue Temple is embossed with Ancient Indian-styled paintings. And Three Que of Han Dynasty has the contents of western magic tricks and equestrian performance on it. The Pagoda collection of Shaolin Temple has variety of architectural styles, which bear the historical marks of the communication of Chinese civilization and the world civilizations.

The purpose of holding Mount Song Forum is to improve the dialogical communication between Chinese civilization and civilizations of other nations, the mutual learning, mutual appreciation and mutual understanding. For us, each culture and civilization has its own essence, otherwise it will be sifted out in historical process. Meanwhile, we also hold that each civilization has its own weaknesses, which have caused so many conflicts and problems in today's society and make the dialogues and communication necessary. Only in this way can the shared prosperity be achieved.

On intercultural relationship, Mr. Fei Xiaotong once pointed out that "when each culture appreciates its own beauty as well as others', and when each culture shares this ideal, the world will be a great harmony". Each civilization should appreciate and enrich its own beauty, and simultaneously learn from other civilization. Only by borrowing other civilization's merits to overcome one's dismerits, can the ideal world with better future be constructed.

Mount Song Forum has been held five times since its birth. With the joint efforts by people of noble aspirations from the world, it has become fruitful with widespread influence. The topic of 2017 Forum was "Achieving our own dreams and others' dreams; Building up common civilization". There used to be a splendid culture tradition in ancient China, that is, it advocated that intellectuals (called "gentlemen" in the ancient times, known as readers in the folk) should establish themselves with the heart of serving all the people, and deal with affairs by uprightness. Establishing oneself means that, for an intellectual, what kind of a life he wants to have. Naturally the ideal is achieved by cultivating one's moral character, regulating one's family, administering one's country, and sustaining the world peace. Establishing one's moral character is first to excel oneself, and then help to refine one's family, nation and even the world. Establishing others means helping others to actualize theirselves. Establishing oneself is the precondition for helping establishing others. And vice versa, the purpose of establishing oneself is to serve one's family, nation, and the world peace. All these put in practice are based on the noble-minded ideal.

It is widely acknowledged that intellectuals should hold it a sense of responsibility "to convey the universe will, to protect the public's well-being, to inherit and develop the sages' lost knowledge, and to keep permanent peace for the coming generations". Of course, as a scholar or just a citizen, when facing the complicated society and his uncertain future, he may take the doctrine of "insistence of one's virtues in poverty", even if he has no chance to better the whole world. It is a noble mind with the world in one's heart.

Dealing with affairs requires the sense of uprightness, which means that "one can make contributions to society by contributing to others, and succeed by helping others succeed". As a virtuous person, he is supposed to "worry about the world first and enjoy himself last", and not to impose on others what the person himself does not desire. The quest for righteousness rather than selfishness is actually a guide for intellectuals to live a authentic life and being.

With the development of science and technology, it is more and more convenient for all the peoples to communicate with each other. Now the earth is called "global village". In this state, no nation or country or civilization can exist isolated. There are so many problems for all the human beings to solve. Thus we hope you, who attended or will attend this forum, and other intellectuals will pay as much attention as possible to other civilizations and your own. By recognizing and absorbing the advantages and essences of other civilizations, we can actively participate in civilization dialogue and civilization communication, explore the possible ways to demystify the questions we all have to confront, care about human destiny, and jointly construct the global civilization.

A Dialogue on "Cultural Self-awareness"
关于"文化自觉"的一次对话

■ 费孝通 李亦园

(Fei Xiaotong and Li Yiyuan)

摘要：世界文化发展过程中，不同制度有和平共处的可能性。中国文化传统讲究包容，可以解决现实问题，可以解决难题。问题是，我们怎样把这样的传统表达出来，让大家懂得，变成普遍的信息，从中找到西方文化能接受的概念？现在人类世界希望有个天下大同的前景，需要我们这些研究文化的人出点力量，把各个文化中积聚起来的有利于人类和平共处的东西提炼出来。中国的人类学家有责任先把中国文化里边推己及人这一套提炼出来，表达出来，联系当前实际，讲清楚中国文化的特点和它可以对人类的未来发展所能做出的贡献，促进相互容忍，相互理解，相互欣赏，寻找人类在21世纪实现共同繁荣的道路，为天下大同准备思想和物质的条件。

关键词：传统；包容；提炼概念；表达；人类学家的责任

Abstract: In the developing process of world culture, there is a possibility for different political systems to coexist peacefully. Chinese traditional culture emphasizes mutual respect and tolerance in handling relations, which can actually help solve problems or even intractable problems in today's society. The question is how we can express such a tradition well enough to make sure everyone understand it, to make it widespread, and find out the concept western culture can also accept. Since human beings long for an idealized world with everyone living happily there, for this dream we who study culture need take some efforts to extract the essence of "considering others in one's own place" and put it into practice. By clarifying the features of Chinese culture and its potential contributions to the future of mankind, we can enhance the mutual tolerance, understanding, and appreciation of different cultures. By preparing ideological and materialistic conditions for the ideal society, we can create a suitable road for the joint prosperity.

Key Words: tradition; respect and tolerance; refining a concept; expression; an anthropologist's responsibility

> 编者按：1998年6月28日上午，北京大学社会学人类学研究所承办的"第三届社会文化人类学高级研讨班"结业。当天下午，该班首席讲师费孝通先生邀请由台湾到研讨班讲学的李亦园院士到家中叙谈。海峡两岸这两位交谊颇厚的著名人类学家如今都已仙逝，这场二十年前的对话至今仍有现实意义。特刊于此，以飨读者。

费：今年春天全国人大换届的时候，我从原来的工作岗位上退了下来，但是退而未休。你也到了退休的时候了。我们有这点共同的地方。我想我们找这个机会见见面，谈谈我们今后的打算。我的生命大概还有几年。我们是老朋友了，我也想听听你的意见，看我今后做点什么事情好。

前些天，在北大研讨班上的讲课插话里，我讲到了自己最近几年的一个感觉。八十五岁以前，我天天在那里忙着做事，不觉得自己老，有点"不知老之将至"，这是确实的情形。过了八十五岁，感觉到自己有点老了，做事情吃力了，力不从心了。要做的事情做不成了，要走的路走不动了，想写文章力量不够了，写一阵就要休息了。

感觉到自己衰老之后，对生物性的个人同社会性的和文化性的个人之间的不同，看得比过去清楚了。生物性的个人是会死的，这是自然规律，是天命。在这个问题上只能听天由命。

我们在社会上生活的过程中同别人打交道时，真正接触和发生作用的，实际上不是个人的因素，而是社会性的因素、文化性的因素。这些因素是超越了人的生物性的个体存在的。人可以死，可是人所处的这个人文世界却是长存的。人文世界的延续过程不但比我们个人的寿命要长，而且它的意义也更大。一个人从进入这个世界到离开这个世界，最长不过百年。在这段时间里边，我们从前人那里继承过来已经创造的文化成果，在这个基础上又做了一些事，为人文世界增添了一点东西。这点东西会留在这个世界上，不管好事还是坏事，抹不掉，也改不了。作为当事人，在老而未死的时候，回过头来想一想，自己在世界上留下了点什么。这是一种老来的心态，很有意思。年轻人不大想这个问题，还想不到这个问题。

我今年已经八十八岁了，算高寿的人了，想到这个问题了。今天你来，我想对你说说我心里的打算，同时也想听听老朋友的意见，希望我再做点什么事。这会影响到我今后几年的生活。

这两年我出去走走，感觉身体还可以。医生做检查，也说没有什么大毛病。在生命的最后这段时间里，我想做点人家希望我做的事情，也是我自己愿意做的事情。所以我想趁我们聚谈的机会，交换一下看法。

李：我很高兴有今天这样一个机会。您说是聚谈，这是您对我的客气，我应该说是请教。我是从今年七月份开始退休，也想学着费先生做人做事的办法，退而不休。虽然离开了正式的职位，但是学术研究工作还要继续下去。

清华大学（指台湾清华大学）要给我一个荣誉讲座的工作，每年还有一笔经费，可以做研究用。我在"中央研究院"还有一个最近确定下来的研究主题，跟养气有关。题目叫"文化·气·传统医疗"。

中国文化和西方文化在认识客观世界上的一个最本源的区别，是用身体与心灵的内在体验的方法来了解世界。这个课题需要进行好几年，希望能通过研究来解释这样一种中国认知传统的根源是怎么样的。我在就要开始下一段的研究工作的时候，能有机会向费先生请教，我感到很难得。

费先生很客气，在计划今后几年做事情的时候，想听到我的意见。我首先想说的是，您在此前所做的事情，比别人多得多。虽然现在年纪大了，但是您正在思考的问题，正在发展的思想，对整个学术界还是具有很重要的意义。

我昨天晚上还在想，您对于人类学、社会学的贡献，既有理论上的一面，又有实际上和实用上的一面。这是一般的学者很不容易做到的。您有一个"志在富民"的愿望，把学术研究作为实现这个愿望的工具，开辟了很多具体的研究题目，使田野调查既产生了理论的学术成果，也收到了具体的富民效果。

一般做研究的人，大半不难想出一个很理论的东西，但是未必实际可用。我在最近的一篇论文里边就辩论了这一点。我认为一个好的学者不一定纯粹是理论的，在应用上面做出实际的贡献，也许更重要一点。所以我觉得，您的"志在富民"的学术实践非常重要。

您从对乡村的研究到小城镇，到对整个大的区域的格局和战略性的研究，不仅具有促进国家生产力发展的实际意义，而且在人类学、社会学领域具有重要的方法论上的开拓意义。

过去人类学家研究的多是一个很小的村落，不大容易跳得出来。而您实现了从村落到小城镇又到大区域的跨越，这是人类学本土化的一个非常重要的成果。

"志在富民"这四个字，我听着是响当当的。一个读书人读到了"志在富民"这样的境界，而且真的做出了实际的贡献，确实难得。

我昨天读到了您赠送的新书的序言。您在讲"从小培养21世纪的人"这个题目时所表达的思想，又是非常之重要。对整个人类的发展前途作出分析，提出设想，主张不但"各美其美"，而且要"美人之美"，在人类为进入21世纪而做的各项准备当中，这一点也许是最为重要的。

世界已经形成了一个地球村，容忍多样性应该是大家在互相交往当中的一条基本的共识。亨廷顿写《文明的冲突与世界秩序的重建》，就是认定西方文明和东方文明、回教文明一定会有冲突。怎么避免这种冲突是重要的。

对这个问题，人类学家的主张似乎要更积极一些。不仅是避免冲突，也不仅是容忍别人，而且还进一步到欣赏别人。您提出的主张，是人类学家面对世界问题而作出的积极性、建设性姿态的一个证明。

我想，在我上面说到的两个方面，一个是在实践的方面，怎么使中国的经济和社会更进一步地发展，成为一个强盛的国家，一个是在理论的方面，怎么使整个人类和平共处、相互合作、走向天下大同的发展前景，这是我在您的著述当中体会到的两个最重要的主题。

您为这两个主题已经花费了大量的心血，写出了很多重要的篇章。但是从更久长的历史来看，也可以说是刚刚破题。您离百岁还有十多年，还有机会也有力量进一步思考。这十多年里，在这样两个主题下面的社会发展还会提出新的问题，推动您的进一步思考。

您的文笔实在是漂亮，思考得又深入，可以不断地加一点，再加一点，把更加厚重的东西留给后人。我有一个书柜，专门放您的书，台湾的繁体版也都有。前些天我又翻了翻，总的感觉以上面说的两个方面最为突出。我希望看到您在这两个方面的思考有更进一步的发展。

费：我昨天送给你的这本书，书名叫《从实求知录》。"从实求知"这四个字表示了我的科学态度。一切从实际出发。"实"就是实际生活，就是人民发展生产、提高生活的实践。从"实"当中求到了"知"之后，应当再回到人民当中去。从哪里得到的营养，应当让营养再回去发挥作用。中国人讲"知恩图报"，我图的"报"就是志在富民。我写过一篇文章，讲"人生的天平"，这是吴泽霖先生提出来的。我们从社会所得到的投入，和我们为社会所做的事情，是天平的两端。

拿我来说，从小受到比较好的教育，并不容易。我父亲只是一个普通的公务人员，全家靠他一个人的工资生活。我的母亲很节俭，目的就是要让孩子都受到好的教育。母亲去世后，姐姐供养我念书。清华大学毕业后，出国留学用的是庚子赔款，是人民的血汗钱。这些都是社会花在我身上的投资。社会对我有这么多的投入，我自己产出多少，这个问题不能不想。我觉得自己的产出远远不够，这不是虚话，是实情。

我最近准备写跟帕克学社会学的文章。我在大学时期学他的社会学，可是没有学通，现在感到需要重新看。我把自己上大学时候读过的教材找出来重读，包括帕克的书，有些地方还是看不大懂，还要细细地想。这也是从实求知。

有了几十年的学术工作实践，再回到提供早期学术训练的基本课程里边，进一步体会实践知识怎样接通书本知识，书本知识怎样推动受教育者更自觉地进入学术实践。

说到教育问题，我们这一代算是好的了。下一代人的条件比我们要差，主要是基础教育差。讲起来很有趣，我父亲是最后一代的秀才，科举制度在他那一代取消了。改变办法以后，在考取的秀才中挑出比较好的，送出去留学。我父亲被送到了日本，学教育。

他留学回来就搞新学，办了一个中学。后来他到了南通，张謇请他去那里教书。我名字里这个"通"字就是这么来的。

我母亲创办了县里第一个蒙养院，我从小就在这个蒙养院里边长大的，所以我没有进过私塾，没有受过四书五经的教育，连《三字经》《百家姓》也没有念过。"人之初，性本善"，这话很有哲理，可是我从小没有念过。

我念的是"人手足刀尺"，是商务印书馆出的小学课本，是新学的东西。我父亲是处在文化变迁时期的一个人物，他主张新学，不要旧的一套，在儿女身上不进行旧式的教育。所以我缺了从小接受国学教育这一段。

最近我在看顾颉刚、傅斯年、钱穆这样一些人的传记。他们都是从私塾里边出来的，是我的上一代人。我和上一代人的差距的一个方面，就是国学的根子在我这里不深。

李：我这一代就更没有了，完全是新学了。

费：因为缺少国学的知识，我也吃了很大的亏。讲中国文化的时候，我不容易体会到深处的真正的东西。看陈寅恪写的书，我想到了两个字：归宿。文化人要找安身立命的地方，就是在找归宿。我从小没有进到旧的文化教育里边去，所以我的归宿是在新学教育的基础上形成的。

陈寅恪的归宿是过去的时代。他写《柳如是别传》写得真好。他能同明清之际的知识分子心心相通。我同上一代人比，在中国文化的底子上差得很多，这是真的。可是这又不是我一个人的事情，是历史的变化造成的，是不能不如此的。

但是也要看到一代人有一代人面对的问题，一代人有一代人的长处。我这一代人的长处是比较多地接触了西方的东西。

李：您是先有了一个西方的架构，再倒过来看自己，思考问题。

费：阿古什为我写了一本传记，用一个西方学者的眼光来看我，缺了一段，就是我的中国文化的底子。可是我的中国文化底子既不是顾颉刚那样的，也不是钱穆那样的……

李：他们是纯粹从大传统里边、从经典里边得到的传统文化，您是从一般人的实际生活里边得到的中国文化。这不一样。他们也许没有对实际生活的系统观察和体验。您是经常性地接触实际生活，面对生动的现实进行思考，提出问题，发表意见。这一点是他们所没有的。

费：我是自觉地把自己放到农民里边去。可是实际讲起来，还不是真正的农民的心理。我的本质还不是农民，而是大文化里边的知识分子，是士绅阶级。社会属性是士绅阶级，文化属性是新学熏陶出来的知识分子。最初我是从教会学校东吴大学出来的，有西方文化的基础。后来到了英国留学，就更进一步接触了西方的文化。回国之后，我自己有意识地投入到中国农民和少数民族里边去。我对旧的大文化的了解不深，对新的农民小文化的了解也不深。在这样一种底子上进行学术研究，我觉得自己的知识很不够。

这样一种分析很有意思，代表了我一生的经历。这不是我自己造出来的经历，而是历史决定的。我这样一个人，生在这样一个家庭，这样一个时代，经历这样一番变化，回头看看，的确很有意思。

李：像陈寅恪、顾颉刚他们那样一种学术研究，没有办法提出可以供全世界的学者了解的一套人们如何相处的理论。您一开始就提出的"差序格局"的想法，是从旧学出来的学者很难提出来的。您提出的理论，是一个有了一番国外经历和西学训练的中国学者提出的对自己民族的看法和理论。这个理论架构是有长久生命力的，直到现在，研究生们还经常引用这个理论。

我在想，在您这样一类理论观点的基础上，能不能再追进去一层，看看在中国人的生活经验当中，在中国的文化秩序当中，哪一些可以提供给将来在21世纪生活的人们，有益于他们懂得容忍别人、谅解别人、欣赏别人，形成一些大家愿意共同遵守的基本规则，超越东西方的界限。

如果中国文化里边确有这样的值得挖掘出来的东西，也只有像您这样的长期思考、深入思考并能提出全局性主张的人，才能把它挖出来。

费：实际地讲，这确实是我一直在考虑的一个问题。社会上的文章里边经常讲"有中国特色的社会主义"，马克思主义到了中国变成了毛泽东思想，现在又变成了邓小平理论。这也是中国化，同德国的马克思，已经有了很大的差距。这说明有一个中国文化里边的东西，也可以说是中国特点，在那里影响外边进来的东西。这个现象值得我们好好研究。总是在那里讲"有中国特色的社会主义"，特色是什么？特色在哪里产生出来？现在还没有人能把它讲得很清楚，原因就是并没有好好研究。

西方的学者，像涂尔干那样的，他就可以把西方资本主义的特点讲出来。像韦伯那样的，他就可以把资本主义精神的特点和文化背景讲出来。

在我们这里，马克思主义进来后变成毛泽东思想，毛泽东思想后来又发展成了邓小平理论。这背后有中国文化的特点在起作用。可是这些文化特点是什么，怎么在起作用，我们却说不清楚。我觉得，研究文化的人应该注意这个问题，应该答复这个问题。

李：您提出一个命题，做出一个暗示，可能会引导后人跟上来，接着往前走。关于这个问题，最近几年，您有时候也谈到过一点想法，以后还可以继续思考，把思考结果提供给大家。

年轻人没有您这样的身世，没有您这样的经验，一时还不具备您的思考深度，所以既需要您点题，也需要您破题，需要您把想到的写下来。虽然不一定很成熟，但是可以暗示他、刺激他思考问题，也许就能上路，逐渐地发展起来。

我看您最近写的文章，都还是很有意义。忽然就提出一个人家想不到的事情，忽然就提出一个人家想不到的问题，启发了人家的兴趣和思考。

一个人的生物性生命是有限度的，他的文化思想的生命却是可以长久地延续下去的。您的学生，或者是别人，看了您的文章，再把其中的思想发挥下去，文化的生命就这样延续下去了。我们常讲的涂尔干，他的思想经过斯特劳斯等人的发展，学术的生命就延续了一个多世纪。

费：看到历史发展的继承性，前有古人，后有来者，这大概就是中国文化思想一个特点。

我有一次和胡耀邦在一起谈话。他表现出一种重视家庭的思想，把家庭看成是社会的细胞。他的这个思想是从实际里边出来的。我是赞同注重家庭的重要作用的。这个细胞有很强的生命力。我们的农业生产在人民公社之后回到了家庭，包产到户，实行家庭联产承包责任制，生产力一下子就解放出来了。我从这个事情上再推想一步，我们的农村工业化，恐怕也离不开家庭力量的支持。最近我又到浙江、福建、山东等地的农村里去跑了一圈，亲眼看到了真正有活力的就是家庭工业。

家庭工业规模很小，一家人在一起搞，心很齐，肯出力，不浪费，效率很高。当然它的技术水平还不高，但是劲道很足。一回到家庭，怎么干都行，甚至能发挥出超常的力量。如果整个国家能把这个力量发挥出来，那我们就不得了。

胡耀邦讲过家庭的重要性之后，我就在想这个问题。我的《生育制度》的话题还没有讲完。中国社会的活力在什么地方？中国文化的活力，我想是在世代之间。

一个人不觉得自己多么重要，要紧的是光宗耀祖，是传宗接代，养育出色的孩子。把这样的社会事实充分地调查清楚，研究透彻，并且用现在的话讲出来，这是我们的责任。

要让陈寅恪、顾颉刚这一代人做这样的事情，恐怕不行。我们这一代人的长处是接触了这个现代化的世界，我们的语言可以与世界交流，可以拿出去交流，人家可以懂得。我叫它跨文化交际。我们这一代接受新学教育的人才能做到这一点。这是我们的长处。上一代人的长处是对传统文化钻得深。

为了答复中国文化特点是什么的问题，上下两代人要合作。因为要懂得中国文化的特点，必须回到历史里边去。我们这一代人中还要有人花工夫，把上一代人的东西继承下来。

不能放弃前面这一代人的成就。这条线还要把它理清楚，加以发挥、充实。陈寅恪、顾颉刚的成就是清朝的考据之学，它是有根的。我们要保住根。这也是中国思想的一个特点。傅斯年多少接下来了一点，胡适已经近于我这一代了。我们要接下上一代的好东西，发扬下一代的新精神。

在这个文化的传承过程当中，自己要找到自己的位置，明确在这条线上我处在哪个地方，该做点什么事，做到什么程度。我在想这些问题，想得很有趣，可是能讲这个话的人已经不多了。

我们下面这一代人，像我的女儿，她就不大能懂我的意思了。不能怪他们，教育破坏得太厉害了，接不上啊。

看来继承性应该是中国文化的一个特点。世界上还没有像中国文化的继承性这么强的。继承性背后有个东西，使它能够继承下来，这个东西也许就是亲属关系，亲亲而仁民。我一时还讲不清楚，但是在慢慢想这个问题，希望能想清楚，把想法丰富起来，表达出来，讲明白，使人家能容易懂得。

表达可以有各种办法。我喜欢写散文，最近写了一些散文，在《读书》杂志上发表，文章有长有短。长文章写我思考时间比较久的话题，短文章容易表达临时来的一些灵感。

李：您为这次学术演讲做准备的这一篇学习马老师文化动态论的体会，也很重要。您讲到，马老师看到了非洲殖民地上的本土文化面临着解体和消失的困境。现在我们倒过来看中国，我们虽然没有被殖民，但是受到的压力是很大的。直到现在，仍然处在东西文化冲突的过程当中。

中国文化在20世纪里边发生了很大的变化，这是大家都可以看到的事实。我想听您谈谈，在现在的情况下，中国文化再向前、向外发展下去，有怎么样的可能性？会是什么样的道路？

费：现在我正在想这些问题。

李：您这一篇文章，虽然讲的是别人，但是暗示的是我们自己。这一点，我想我是看出来了。暗示的意思，是要考虑我们自己应该怎么样再往前走。在21世纪快要来临的时候，中国文化应该发展的道路可以是怎么样的，这是个大问题。这一点不一定现在就展开全面的讨论，但是不妨有机会就讲一点，平时也不放松思考，多想一想。

费：你刚才讲的话让我想到一个新的话题。我最近在想"一国两制"这个事情。"一国两制"不光具有政治上的意义，它本身是一个不同的东西能不能相容相处的问题，所以它还有文化上的意义。

这个试验是很重要的，很有意义的。在人类整个历史里边，是一个很重要的事情。

人家认为，资本主义和社会主义是对立面，可是到中国来，它们可以并存，"一国两制"。邓小平想到这一点，不一定是从理论上边想，他是从实际生活里边感觉到可以这样做，后来实践也证明可以这样做。这就伟大了。

我不是把他看成一个神仙，能够预先知道后来的结果。我是看到了文化在里边发生作用，中国文化骨子里边有这个东西。在他身上，在一个特定的时候，这个东西发生了作用。他来了灵感，可以"一国两制"啊！为什么一定要斗来斗去呢？这样想了，这样做了，结果是好的。

把对立面合了起来，和平共处，而且作为一个历史事实摆出来，让大家看，可以这样做。这样对大家有利。我们应当这样去理解这个事情，看到在世界文化的发展过程中，不同的制度有和平共处的可能性，可以出现对立面的统一，再进一步去看它的来源，有一个中国文化的本质在里边。它可以把不同的东西合在一起。没有这样一个本质，那就不会有今天的中华民族和中国文化，也不会出来"一国两制"。

当然我们现在对中国文化这个本质还不能从理论上说得很清楚，但是它确实是从中国人讲究的"正心、诚意、修身、齐家、治国、平天下"里边出来的。这里边，一层一层都是几千年积聚下来的东西，用现在的语言不一定能很准确地表达它。可是用到现实的事情当中去，它还会发生作用。这一点很了不起。这一点可以通过"一国两制"的实现得到证明。

我们中国文化里边有许多我们特有的东西，可以解决很多现实问题，可以解决很难的难题。现在的问题是，我们怎样把这些特点表达出来，让大家懂得，变成一个普遍的信息，从中找到一个西方文化能接受的概念？这个工作很不容易做，但是不能不做。

我相信，中国人有他的本领。这个本领是从文化里边积聚出来的。你讲大文化、小文化讲得很好。大文化是在吸收小文化的过程中出来的。小文化就是实践啊！就是几千年里边从中国这块土地上出来的东西啊！实践的经验不断提高，形成原则性的东西，这样大文化就出来了。

大、小文化的关系，我们还可以进一步发挥一下。在讨论大、小文化的关系当中，找到中国文化的特点。

李：在21世纪的人类生活当中，您认为中国文化应该怎样扮演更积极的角色？

费：现在是一个很重要的时刻。去年我去香港参加政权交接仪式的时候，感受很深。我在现场不是看热闹，而是在想"一国两制"这个问题。我希望大家想这个问题时能提高一点来看，沉下去想一想，再提高到理论上分析，就可以有一个新的看法。

这的确是一个创造，也是中国文化对当今世界的一个贡献，会影响到今后东西文化并处共存的问题。我们可以容忍不同，如果大家都可以容忍不同，多元一体的局面就有条件了。

多元一体是中国式的思想的表现，包含了"各美其美"和"美人之美"。要能够从人家和你不同的东西中发现美的地方，才能真心地"美人之美"，形成一种发自内心的、感情深处的认知和欣赏，而不是为了一个短期的目的，为了经济利益。

李：您的这些想法，可以一段一段地整理出来，慢慢地加以深化，好好地发挥。也许不能很快地发表出来，但这是一个很重要的大题目。

费：看来世界必然会出现一个互相依赖的格局。首先是经济方面的互相依赖。这次亚洲的金融风暴表现得很清楚。风暴一起，谁都逃不掉。"看不见的手"把大家弄到了一起。

所谓"看不见的手"，我体会就是经济、文化、社会的综合力量。虽然看不见，可是它的确存在，存在于文化的基本原则里边。

李：在这次的东亚经济危机当中，中国就扮演了一个从来未有过的、特定的重要角色。人民币不贬值，成了一个稳定东亚经济的强大力量。这样一个角色，中国自从进入20世纪以来还从来没有过。过去，是日本在东亚经济中占据一个稳定全局的地位。但是在这次危机当中，它成了一个变数。中国成了一个稳定全局的角色。

在这样一个转换当中，是哪些因素使中国的重要性在一夜之间凸显了出来，值得大家深思。其中会有经济的因素，有财政的因素，等等。但是在这些因素之外，还会有文化的因素。

费：能想到人家，不光是想自己。这是中国在人际关系当中一条很主要的东西。"老吾老以及人之老，幼吾幼以及人之幼。"设身处地，推己及人，我说的差序格局就出来了。

这不是虚的东西，是切切实实发生在中国老百姓的日常生活里边的，是从中国文化里边出来的。"文化大革命"对这一套的破坏太厉害，把这些东西否定了。我看不能否定，实际上也否定不了。这些好的传统还是会有人接下来，还在现实生活里边起作用。

我们这些研究文化的人类学家，应该把这一套讲出来，讲明白，让人家懂得。中国文化天天在现实生活里边发生作用，实际得很。我们要从实求知，从实际生活里边学，再把学到的东西讲出来。这是我们知识分子的责任，尤其是研究文化问题的知识分子。

司马迁有两句话,叫"究天人之际,通古今之变"。搞研究的道理就在里边。就是要从实际当中"究"出来学问,再把它"通"到实际当中去。面对金融危机,可以这样做,也可以不这样做。人家贬值,我也可以贬值嘛。为什么中国人选择不贬值呢?有对人的关怀在里边。

中国人之所以这么做,因为他是中国人。他有一个文化的根子在发生作用。

最近几天,我看世界杯足球赛,给我一个很大的启发。人同人即使是在竞争激烈得不得了的情况下,也是可以和平相处的。不同的球队放到同一个球场上争胜负,冲突和竞争一直在发生。可是大家有一个共同的规则,有公认的体育精神,就可以在竞争中友好相处。

我写汤佩松的文章时,在《清华人的一代风骚》里边就讲到体育精神。运动员协力的精神,可能是社会生活里边所需要的一种普遍的精神。

说到底,我们还是要相信,中国也好,外国也好,这么多人在这么长的历史中走过来,必然会有好的东西积聚起来。现在人类世界希望有一个天下大同的前景,需要我们这样一些研究文化的人出点力量,把各个文化中积聚起来的有利于人类和平共处的东西提炼出来。

我们中国的人类学家有责任先把中国文化里边的推己及人这一套提炼出来,表达出来,联系当前的实际,讲清楚。

现在做这个事情的人还不多,至少可以说还没有形成风气。我们的社会科学、人文科学要造成一种好风气,承认我们中国文化里边有好东西。当然也不是都好。这就需要提炼。把好的提炼出来,应用到现在的实际当中去。在和西方世界保持接触、积极交流的过程中,把我们的好东西变成世界性的好东西。

首先是本土化,然后是全球化、国际交流。能够做这个事情的学者队伍现在还没有形成,还要培养。从现在起的几十年里边,培养这样一批人是一件很重要的事情,也很不容易。我们在北大开高级研讨班,就是努力在做这个事情。

我们曾经有过一段反面的历史,要把传统的东西统统打倒。"文化大革命"达到了顶点。连我们自己都怀疑中国文化这套东西是不是好的。

现在,这一段历史过去了。去年是个转折点。香港回归,"一国两制",全世界都看到了中国的地位。中国人又有了自信心。我们要发挥自信心,先要沉下去想问题,想明白我们今天在国际上的地位是怎么来的,接着努力下去。我们要警惕自我中心主义。

现在又出现了东方中心主义,觉得中国多么了不起,好像关起门来也可以成大事了。说到这里,我想起了自己感到忧虑的一个问题,就是潘光旦先生常讲的民族整体的素质。

从知识分子这个群体来看,是比不上上一代了。

从抗日战争开始到改革开放之前,动荡得太厉害,破坏得太厉害。一直没有停。年青的一代没有条件向学问的方向走。没有良好的教育,怎么可能出来高素质呢?

所以现在我觉得,首先需要安定,大家有时间喘口气。国家有心情办教育,学生有心情学知识,把今后的世界所需要的人培养出来。这些人有比较高的文化素质,不忘人类发展的大目标,懂得不同的文化怎么相处,而且善于把中国文化中的好东西发扬出来,补充到世界现代化的过程里边去。

李:您讲到这里,我们是不是可以把话题回到刚才谈起来的"志在富民"上面去?您最近对于区域发展问题的调查和研究,有没有新的题目和心得可以谈一下?

费：我今年已经开始做起来的一个题目，是想利用京九铁路串成一根"糖葫芦"。意思是利用铁路干线的交通条件，促进一连串中等城市的兴起。通过这些中等城市对周边农村地区的辐射和带动，形成一个位于东部沿海地区和中部地区之间的经济发展速度明显提高的区域。

能够说明这个想法的一个例子，是现在已经比较发达的津浦铁路。南京到上海之间就有苏州、无锡、常州、镇江等一串中等城市。我希望在京九铁路上也促进各地加快发展起一串中等城市来，所以把这个题目说成是"串糖葫芦"。

但是不应吹大话，而应具体去做。我沿着京九铁路一站一站去看有没有切实的基础，有没有条件，已经有什么条件，还缺什么条件。这条线上的有些地方我曾经去过，这一次再连起来全部走一遍。

傅斯年的家乡聊城我也走到了。实地一看，很不错，有一定的实力。

那里造的双力牌农用汽车，适合农村的需要，很实惠。乡镇企业的产品，不仅在国内畅销，而且销到了南美和非洲。这个事情很有意思，是世界已经开始进入洲际经济时代的一个例子。

我前不久在《读书》杂志发表文章，提出了"洲际经济"的题目和自己的一点想法。聊城的农用汽车又给我新的启发。开拓洲际经济是我们的方向。我们的对外贸易不一定都要集中在美国、日本这样的地方，可以向南美、非洲这样的发展中国家和地区开拓市场。

我们的劳动力便宜，吃苦耐劳，这是我们的长处、优势。把这个优势发挥出来，学习新技术，抓住适用技术，生产出适合发展中国家需要的产品。这是个很大的市场。

如果中国中部地区有更多的企业能进入这个市场，增加农民收入的问题就解决了。中部地区就起来了。农民手里有了钱，国内市场也出来了。这是一箭双雕的做法。我们在开拓了国际市场的同时，自己也富了起来，国内市场也有了。

我经常说，市场就在农民的口袋里边。农民有了钱，要买电视机、洗衣机，这个市场大得不得了。就是要多搞这样的东西，适合农民需要的，农民买得起的，能使农民进入现代化生活的产品。这是我在许多地方都看到过的例子。

过去北方农民都睡在炕上边。冬天冷的时候，就在炕下边烧点柴火取暖。现在住楼房了，堆柴烧柴不方便了，取暖也想更干净、更方便，所以要用暖气片了。暖气片不难造，又有那么多农民需要，所以成了一些乡镇企业发家的一大门路。

最近一次我到农村去，看到农民在这方面又提高了一步。他们在想办法利用过去废弃掉的庄稼秸秆，制造类似于煤气的生物气。一个村子只需要几十万元的一套设备，就可以提供全村人烧饭、烧暖气所需要的能源。农民自己在那里找现代化生活的出路。

我看到这些一样一样的发展和提高，当然高兴，就鼓励他们，并且把这其中值得推广的道理讲给他们听。他们也很高兴。我现在正在做这个事情，沿着京九铁路走了一半了，还要接着走完。

我一路把看到的情况记录下来，准备到最后向上提出一份建议，关于促进京九铁路沿线地区发展的设想和实际操作的办法。

我一路走，经过的地方的农民和基层干部都很欢迎我。县长、市长也很欢迎我。我为他们致富出主意出得对，可以帮助他们改善生活，自己心里也很舒服。

我确实感受到，中国农民的确有本领，吃得起苦，有办法，干起来没有人挡得住。只要相信农民，放手让他们去发展生产，就可以维持一个比较好的局面。

如果能这样稳定下去，我们就会有几十年的时间，把中国文化好好研究研究，从理论上边提高一下。这个路子大概可以这么走。当然我的力量是不够了。你现在可以独当一面，可以更多地发挥作用。

台湾这一面，我们的力量达不到。你可以把这里的信息带回去，鼓励他们想大问题，不要只看到一个小天地。站得高一点，一个大天地在那里等着我们大家去大有作为。这个前景真是太美了。我们现在有条件，真正把祖宗的梦想实现出来，天下大同。

马林诺夫斯基在《文化动态论》里边讲的一段话，可以使我们得到一个很好的启发。在殖民主义的情况下进行的文化接触，里边是霸权主义的做法，结果是破坏文化。霸权搞不得，不能再走这条路。文化接触要得到一个积极性的结果，必须要在平等的基础上进行。平等相处、相互理解、取长补短，最后走向相互融合。用我们的说法讲，就是天下大同。

我们还是要将心比心，推己及人，老吾老以及人之老，幼吾幼以及人之幼。这样想问题，就是希望不要出现太大的曲折，不要因为使用核武器解决冲突而使人类文明再来一次。

这两天中美两国首脑会谈，从积极的方面看，是建设性的。两个大国能和平一个时期，就不得了。我们还是从和平共处上想办法，不光是共存，而且要共同繁荣，把人类的发展水平提高一步。

李：我很高兴今天下午有这样一个机会，来听听费先生在这些问题上的想法。我想，费先生谈到的这两个主题非常之重要。

一个是从理论上看中国文化的特点和它可以对人类的未来发展所能做出的贡献，主张相互容忍、相互理解、相互欣赏，寻找人类在21世纪实现共同繁荣的道路，为天下大同准备思想的和物质的条件。能够做出很有深度的思考的人，到底是极少数。您能把中国文化中深藏的好东西挖掘出来一些，提出几点重要的思想，帮助后来的学者进入题目，学术的生命就可以得到延续和发展。

再一个是实用的这一面。"志在富民"这个主题也非常有意思。在一般情况下，人的思考方式容易集中到一个方面去。着重于理论的，大半就忘掉了实用。能够做到实用的，又往往回不到抽象的理论的方面去。您在一生的学术活动中能够兼及两面，一面是理论的思考，一面是努力把知识转化成物质财富。京九铁路完成以后，您能够马上想到要"串糖葫芦"，这里边又会出现将来的人可以看到的地区发展的事例，而且应该可以提炼出来"糖葫芦理论"。我看费先生的身体很好，头脑的思考也非常敏锐。说不客气的话，我今天有一点考你的想法。平时读您的文章，您的文字有很感人的力量。今天听您谈话，又在现场感受到了您思考问题的力量。我很感动，也很为您高兴。还有很多年的时间可以利用，您可以逐步把想法一点一点整理出来，我希望有更多的机会读到您的文章，听到您的想法。

费：那你就多来几次。你可以提出一些问题，我们共同研究。我们都退出事务工作了，老来求知，多几次"有朋自远方来，不亦乐乎"，多几次"学而时习之，不亦说乎"。

附注：

本刊编者张冠生当年在谈话现场做记录，受命根据录音整理文字后，经费先生认可，遵嘱传真至李亦园院士处，亦得李先生认可、鼓励。当时在现场听费、李两位先生对话的，还有费先生恩师潘光旦先生的女儿、费先生的助手潘乃谷教授。

From Axial Civilization to Dialogical Civilization

从轴心文明到对话文明　　列奥纳德·斯维德勒
（Leonard Swidler）

摘要：早期的思想意识是部落的，轴心意识则是个人的。"认识自我"成了希腊的口号。《奥义书》找到了生命本源，至高存在本体。佛祖释迦牟尼悟出了个人开悟的方法。孔夫子教导人们人生的意义就是要成仁，成为一个真实的个人。犹太先知唤醒个体的道义责任。这种个人身份感，与对部落和自然的认同感不同，是轴心时代意识的最重要的特点。当前，人类正在进行一个深层的进化转变，走入一个更高的、公民的、对话的生活方式。这种宗教和文化的演变把我们指向一个可以根本医治人类文化中固有的和威胁我们生存的深层问题，唤醒人类对话的力量。这种从独白到对话的转变构成了人类思想意识中的根本逆转，这在人类历史上是全新的。

关键词：轴心意识；个体责任；观念变革；对话；新历史

Abstract: The early ideology was tribal, but axial consciousness is individual. "Knowing oneself" was a slogan from Greece. *The Upanishads* found out the origin of life, the ontology of the highest being. Sakyamuni Buddha came to realized the methods of enlightenment. Confucius taught people that the meaning of life is to live or die for a righteous cause, and be an authentic person. The Jewish prophets awoke individuals' sense of moral responsibility. Unlike the identification with tribes and nature, this sense of personal identity is the most important feature of human consciousness in axial age. Currently, man is experiencing a deep-leveled evolution into better, civil and dialogical lifestyle. The evolution of religion and culture leads us to a power to cure the inherent disease in human culture, solve the deeper issues that threaten our survival, and wake up the potential dialogical strength. The conversion from isolation to conversation forms the basic reversal of human consciousness and is brand new in the history.

Key Words: axial consciousness; individual responsibility; reformation of ideology; dialog; new history

> 我常对大学新生说：如果想开始批判性思维之旅，你们至少一开始就要问三个以 W 开头的问题：What？（什么？）Whence？（从哪里来？）Whither？（到哪里去？）我们到底在谈论什么？因为这是一个显而易见的着手点，但是却往往被人们忽视。从哪里来？是问这一观点来源的正确性。到哪里去？是要搞明白这一观点的意义——当需要引申时，它会引致归谬法吗？今天我想尽可能仔细地讨论这个以 W 开头的问题——我们到底在谈论什么？

Ⅰ. 文明

我演讲题目中的第一个关键词是"文明"。在拉丁语中，civis 是指城市。从根本上讲，civilization 这个拉丁词告诉我们，文明是指城市化。一个文明所带来的巨大飞跃是既有安全保障，又有劳动分工。17 世纪哲学家托马斯·霍布斯写过一本很有创意的书，在书中，他把政府称为利维坦（利维坦在《圣经》中是象征邪恶的强大怪物）。政府这个利维坦大大减少了前利维坦时期智人的状况，即无休止的"人人互相争斗"。因此，时代大大地进步了，不再需要像西西弗斯①那样，因为很多人可以聚居在城市里，又有相对的安全保障，劳动分工使得各种技能和行业实现了专门化，在接下来的一代又一代中带来了巨大的社会进步。

Ⅱ. 宗教

隐含在文明中的一个词语，在西方语言中称之为宗教。对宗教的描述和定义数不胜数，我在这里给出一个我自己的、相对简单的、综合性的定义：

宗教是对人生终极意义的解释。基于关于超自然力的一些理念和经历，宗教告诉我们该如何生活。通常，所有的宗教都会包括四个"C"，即 Creed（教义），Code（教典），Cult（教仪），Community-structure（教团），以及基于观念和体验的大写的"T"，the Transcendent，即超自然力量。

教义是指宗教的认知层面。对一切事物都要进行人生终极意义的"解释"。

教典是对行为或道德层面的要求，包括行为的所有准则和习俗都应该遵循教义的某一方面。

教仪是指信徒的所有的宗教仪式活动都与这一超自然力量相关，无论是直接或间接地。例如，信徒的祈祷以及他们对一个超自然力量的代言，如神父的正式礼节。

教团是指信徒之间的关系。这种结构之间的差异很大，有像教友会教徒那样的平等主义关系，也有像长老会的"共和"结构，还有像哈西德派的犹太人与他们的"拉比"之间的君臣式的关系。

超自然力量，从词根来看，是指超越日常生活及平凡、表面现实的经历。这种超自然力量可以指神灵、人格化的上帝、非人格化的上帝、虚空、等等。

值得注意的是，今天有很多人不承认有任何形式的超自然力量的存在，而是选择某种无所不在的人本主义。这种无所不在的人本主义在他们生活中的功能与宗教中信徒对超自然力量的看法是一样的。显然，这两种立场谁也无法证明他们所宣称的。如果能证明，就像说有一个星球叫太阳，二加二等于四一样，他们就不存在分歧了。因此，宗教的这个定义中的一切元素，都适用于无所不在的人本主义，除了没有超自然力量以外。

那么，宗教与文明的关系是什么？每一个文明的核心都是宗教。宗教以一种对话的方式既折射出文明，又塑造文明。作为文明，国家（利维坦）的责任是保护生命，建立一种机制可以控制内外的混乱，它有至高无上的权力，也是排他性的。

尽管现代智人大约在七万年前可能起源于中非，从那里分散到世界各地，早期的文明大约在公元前两千到三千年间产生。那时，人类从部落文化迈入了文明时代。最早期的古代文明有四个：1.中东或肥沃的美索不达米亚地区、埃及；2.希腊；3.印度河流域；4.黄河流域。卡尔·雅斯贝尔斯注意到，这四个古老文明几乎是同时各自独立地实现了文化上的巨大飞跃，达到了一个关键的"飞跃点"（在公元前800—前200年间这样一个关键的时间点上）迈入了轴心时代。[②]

Ⅲ. 轴心时代

真正给社会带来巨大变化，把人们带入这个"飞跃点"的是哲学家和宗教导师，而不是普通民众或政治领袖。他们带来的改变是如此激烈，以至于影响到文化的各个层面，因为它改变了人们的思想意识。正是在这种新形式的观念意识的地平线上，亚洲、中东、欧洲的伟大文明得以发展。尽管在这些地平线上，很多改变是在随后的几个世纪里出现的，但是地平线本身并不改变。通过移民和探险活动，这种形式的思想意识传播到了世界其他地区，由此，成为了世界的主流意识，尽管它有着排他性这样的缺点。今天，无论我们生长在中国、印度、欧洲、非洲还是美洲，我们都继承着轴心时代形成的意识结构。

什么是轴心意识结构？它与前轴心意识结构有何区别？在轴心时代以前，主流的意识形式是宇宙的、部落的、神秘的、宗教礼仪的。这些都是早期人类思想意识形式的特点。在传统文化和轴心时代之间，在埃及、中国、美索不达米亚，都出现了大帝国，但是并没有产生轴心时代的所有意识。

部落文化意识与宇宙和大自然的周而复始有密切的关系。因此，在早期人类和自然世界之间建立了一种丰富的、有创造力的和谐。这种和谐在神话和宗教礼仪中得以发挥、抒发和颂扬。人们觉得自己是自然的一部分，也感觉到自己是部落的一部分。这正是部落的相互关联网，在其中人们的心理得到了支撑，给他们在生活的各个方面都注入了活力。如果离开部落，他们就会面临肉体和心理的死亡威胁。然而，他们与集体的关系也很难超出这个部落，因为他们认为其他部落都是敌对的。在自己的部落中，他们觉得与其他人、大自然、宇宙都是一个有机关联体。

轴心时代带领我们进入了一个全新的思想意识形式。早期的思想意识是部落的，而轴心意识却是个人的。"认识自我"成了希腊的口号。苏格拉底说："未经反思的人生，是不值得活的"；《奥义书》（婆罗门教的经典之一，为后世各派印度哲学所依据）找到了生命本源，至高存在本体；佛祖释迦牟尼悟出了个人开悟的方法；孔夫子教导人们人生的意义就是要成仁，成为一个真实的个人；犹太先知唤醒个体的道义责任。这种个人身份感，与对部落和自然的认同感不同，是轴心时代意识的最重要的特点。由此涌出了许多其他特点：一种自我反省、分析的意识，它可以被应用在各个领域，如以科学理论为形式的自然、以社会批判为形式的社会、以哲学为形式的知识和以个人精神之旅形式呈现的宗教。

内心的意图（在希伯来文中是 kavanah）和个人的伦理行为变得重要了。这种自我反省、分析、批判意识与原始的神秘、宗教礼仪意识形成鲜明对比。当自我反省的理性出现在轴心时代，它反对传统神话。尽管神话的、宗教礼仪的意识形式从后轴心时代直至今天还存在，但是它们常常是隐性的，主要浮现在梦境、文学和艺术中。

简而言之，轴心时代带来了范式转换：1. 从外在的（宗教礼仪）转向内在（意图）；2. 从共同体（部落）转向个体（个人的责任）；3 从神话转向理性。

IV . 现代性

托马斯·库恩的范式转换概念彻底改变了我们对科学思想发展的理解。他努力地想证明，最根本的"范式"或"典范"是很大的思维框架，我们把所观察到的所有资料都放入这些框架中，科学进步必然会带来最终的范式转换，譬如：从地心说到日心说，或者从牛顿物理学到爱因斯坦物理学。正如伽利略的思想一样，这些学说或理论在一开始都受到激烈的反对，但是最终都兴盛了起来。③然而，这一洞见不只适用于自然科学思想的发展，也适用于人类思想各个主要学科的发展，包括社会科学和人文科学。

因此，正如前面所提到的，在轴心时代，即公元前800—前200年间，在四大古老文明中，都产生了巨大的范式转换。当然，从那时起，在所有的文明中，都发生了不同程度的范式转换。每个人都能说出几个主要的，如：罗马帝国在西欧的衰亡、7世纪伊斯兰教的产生、中世纪西方基督教世界的兴起、文艺复兴等。有一个非常重要的范式转换，它不只是深深地影响了世界的一部分地方，而且很快地影响了全世界。这就是18世纪的启蒙运动（英语中的"启蒙"一词，只是德语"Aufklärung"的直译。这个词流行起来，也许是因为最有影响的哲学家康德 [1724—1804] 在1784年写了一篇文章来回答"什么是启蒙？"）。"启蒙运动"始于西欧，随后席卷全球。它引发了我们现在所谓的现代性。从深层意义上来说，启蒙运动促进了轴心时代的核心价值观的实现，鼓励个体的道德行为（因为有自由，因此也要负责任），强调以理性为中心。

然而，现代性大大地延伸了轴心时代的个体和理性的范围，声称不只有10%的人口（如在"民主的"雅典那样）能够完全拥有这两点，而是像1776年美国的《独立宣言》所宣称的那样，"人人生来平等"。因此，我们有必要认真地分析一下现代性。

我可以说，任何听到我的话或阅读我的文章的人，都是生活在现代性的心理世界，而不是后现代的心理世界。我认为现代性有以下几个特点：（1）自由，作为轴心时代的个体，自由是其作为人的核心。（2）批判性思维理性（轴心时代的理性，不限于东拉西扯的想法）作为我们要肯定或否定一个东西的仲裁。（3）历史—进化，过程、活力被看成是人生和社会及实际上全部实在的核心。18世纪后期，德国的"狂飙运动"就预示出现代性的第三个核心特点，强调活力。这一理念在19世纪早期（德国历史学家称其为Spät-Aufklärung，后启蒙运动）随着科学及随后生物进化论和过程哲学的发展得到完全承认。（4）对文化/宗教多元性的有意识的认知，因此，人们认为有必要进行对话（不同的逻各斯）。

简而言之，我认为，从作为人的角度来看，现代性有以下四个特点：（1）无限的自由感；（2）自然而然会问某个东西是否有道理（理性感）；（3）把人类的一切经历都放在一个历史进化论的语境来思考的观念，因为，所有的知识都是相关的；（4）认为有必要让不同观点和经历的人进行深层对话，以促进相互学习。

我们谁也离不开现代性，即使我们不提到它或者没有有意识地注意到它。现代性无处不在，即使我们想极力地拒绝它的某一部分，现代性还是我们赖以呼吸的空气。（1）骨子里，我们有自由感，当我们发现自由被人剥夺，我们就会觉得愤怒。（2）我们情不自禁，但是又是下意识地问每一个出现的新的或旧的想法或某些信息，是否讲得通，我们是否愿意接受它，它是否合乎逻辑。（3）我们越来越意识到，我们周围的现实是在不断地变化，古老的假设不一定能够站得住脚。因此，我们不停地问：旧的格言是否还有效，或者它们是否来自从前的语境？（4）同样，我们也越来越不会无意识地贬低那些与我们不同的人，而是越来越倾向于在一开始容忍他们，然后向他们伸出手，甚至是去寻找他们。

因此，如果一个古老的传统是发掘我们生命中的意义和创造力，我们就应该采取两个重要步骤。首先，我们需要更有意识地反思我们内心世界的现代性到底是什么。我们需要深入了解这些因素是什么，它们是如何纠结在一起构成了正如圣保罗引古希腊诗人所说的"我们生活，动作，存留，都在乎"的空气。所以，正如当代哲学家伽达默尔（1900—2002）所说："其实历史并不属于我们，而是我们隶属于历史。"

Ⅴ. 后现代？

同时，作为一个思想兼文化史家，我常常对学术界的很多同行还把他们的思想称为"后现代"或"后现代主义"感到吃惊。任何"运动"如果说不清楚它是什么，而只能说它不是什么，我觉得他们智力有问题，或者，说得好听点，他们还在"青春期"，不成熟。

更为重要的是，当人们慢慢开始明白大多数"后现代"学者在使用"后现代"这一术语时似乎想谈论的东西，它好像是指：（1）怀疑诠释学以及由此产生的多元主义感和随之而来的对话的需要；（2）强调特殊性；（3）先验地拒绝对事物的任何"整全"理解。[4]关于怀疑诠释学、多元主义、对话，人们不禁要问：难道这些作者对过去两个世纪的学术研究一无所知？早在19世纪中期以前，怀疑诠释学就像潮水般涌进西方思潮。[5]对历史特殊性的强调早在18世纪就开始了（例如，约翰·乔治·哈曼[1730—1788]，约翰·戈特弗里德·冯·赫尔德）[1744—1803]，歌德[1749—1832]，"狂飙运动"[1765—1785]）。随着利奥波德·冯·兰克（1795—1886）和其他学者掀起的"批判史学"——他们试图"如其所是"地描述历史，以及施莱尔马赫（1768—1834）——自由新教神学之父——的工作，这一点得到了强化。怀疑诠释学在19世纪影响越来越大。到了21世纪，它在例如伽达默尔和保罗·利科（1913—2005）这样的思想家那里依然影响并不稍减。

是的，所有的知识都是被阐释的，并且都受到我们"在这个世界中的位置"的影响，因此，都是有限的。随着人们越来越意识到多元主义的重要性，就更觉得有必要与那些对现实的体验与我们不同的人进行对话——1893年在芝加哥召开的世界宗教大会就是一个很好的例证。我们越来越理解，知识远比我们在18、19、20世纪认识到的更复杂和多元。因为我们对人类如何认识现实的理解越来越深刻，通过对话的方式，我们确乎无尽地接近于给出关于现实的愈益准确的看法。[6]

近两百多年来，我们越来越意识到人类理性（逻各斯）的更深层面，它不再局限于诸如抽象的演绎理性。我们越来越明白在我们对人类和整个宇宙的理解上是越来越深奥。现在的宇宙学家居然谈到所有的现实最终都是由"信息"组成。[也许毕达哥拉斯（公元前572—前497）当时认为世界是由数字组成的，也不算疯狂。]在这样一个知识大爆炸的时代，我们迫切需要与那些与我们持不同观点、不同经历的人对话。

至于后现代主义者拒绝任何尝试"整全地"理解一个研究对象的做法，我认为这是很幼稚的，他们没有意识到我们人类是如何自然而然地思考的。我们总是想把一件事与另外一件事关联起来。这是我们理性（逻各斯）所推动的必然结果，无论这是分析的第一步，还是接下来的综合，都是如此。我们在心里不自觉地想把事物拆分成几部分，然后，想了解它们之间的关系是什么。我们的语言告诉我们，人类就是这样思考的。在人类思考的最初分析部分，我们常说我们能够或者不能"抓住"想要解释的内容。我们通过把一个思想的各个部分与其他部分拆卸，然后尝试理解这些部分是如何关联的，这样，我们才能"抓住"这个思想。例如"降落"这一理念就可以被理解为包括上、下，已经从上到下的运动过程这几"部分"。同样"自然的"智力活动也反映在"抓住"这一动词的同义词上，如，"理解"（拉丁语是com-prehendere，用我们思想的胳膊抱住某个东西），或"构想"（拉丁语是con-cepere，抓着），或"定义"（拉丁语是definere，划定界线）。

不可否认，我们做过很多有缺陷的"综合"。我们常常没有意识到一个学科的某些特点，所以，以只是部分准确或者甚至可能是非常错误的方式"把所有的都整合在一起"。探寻事实本源的史学家力求尽可能"如其所是"，然而，作为一个具体领域的历史学家，他们也就到此为止了——就像流水线的工人，只承担他们自己的那一部分。然而，他们却会告诉自己不要去跟随他们自然的头脑运动，把他们研究的那部分故事与相邻的部分关联起来。在哲学中，现象学家们甚至有意地对他们所研究的对象加上思想括号；但是这样的限定，正如他们称其为思想加"括号"，是为了在后来把它与更大的背景联系起来。即使完全的还原论者，所谓的"后现代"思想家，声称他们所研究的与其他的事实无关，他们这么想还是假定是有一种关联存在，只不过他们的说法是负面的、自相矛盾的。如果根本不存在更大的共性，人们就不可能声称存在或不存在更小的共性。

显然，近二百年来的所有发展根本不是"后现代"，而是现代性的延续和深化，是转向自我意识的、自由的、批判性思维的、走向对话的主题。事实上，我们现在比以前变得更加现代化，而不是更少。因此，在21世纪初，我们根本不是"后现代"，我们是更加现代，越来越现代。

Ⅵ. 对话

1. 对话就是宇宙的基础

对话不只对我们人类来说是极其重要的和无处不在的，而且，它就是宇宙的基础。对话，从广义来说，可以理解为是不同元素的互利互动，是天地万物的核心，这其中人类是最高的表现：从物质和能量最基本的互动（如爱因斯坦著名的公式，$E=MC^2$；能量等于质量乘光速的平方），到每一个原子中的质子和电子的创造性的互动，到每一个人的身体和灵魂的重要互利关系。因此，到男人和女人有创造性的对话，再到个人与社会动态关系，我们人类的本质就是对话，一个有意义的人生就是对话宇宙之舞的最高表现。

在人类历史的早期，当人们从中非向外分散开来的时候，离散力占统治地位。然而，我们住在一个星球，在人们狂热地离散的过程中，人们最终开始越来越频繁地相遇。现在，令人吃惊的聚合力越来越占据统治地位。

过去，在离散的时代，人们可以在一种完全隔离的状态下生活，人们可以无视他人的存在。如今，在聚合的时代，我们被迫要生活在同一个世界。我们生活在一个地球村。我们无法忽视他者——那些与我们不同的人。过去，我们常常想把他者改造成我们的样式，而且是通过暴力的方式，然而，这与对话截然相反。这种以自我为中心的傲慢与对话宇宙之舞从根本上是对立的。它不是创造性的，而是破坏性的。因此，我们今天的人类有一个明显的选择：对话，还是灭亡？[7]

2. 神圣之人——头、手、心，全面和谐的对话

对于我们人类来说，有三方面的对话，与我们的人体结构相关，即神圣之人——头、手、心，全面和谐的对话。

A. 认知的或智力的：寻求真

在头的对话中，我们要与那些与我们想法不同的人沟通，理解他们是如何看待这个世界的，他们为什么要这么做。这个世界太复杂，任何人都不可能抓到全部。我们越来越多地需要以对话的方式，通过他人的帮助来理解现实。这非常重要，因为我们如何理解这个世界就会决定我们如何在这个世界上行动。

B. 推理的或伦理的：寻求善

在手的对话中，我们要与其他人一起携手，把我们赖以生存的世界建设成为一个更好的地方。因为我们不再彼此隔绝地生活在"同一个世界"，我们必须共同努力，把世界不只是建设成一个住宅，而是一个我们所有人都能居住的家园。我们要与其他人一起携手合作来医治这个世界——在犹太人的传统中称之为Tikun olam（医治世界）。我们里面的世界和外面的世界都需要医治。我们最深的伤痛只有以对话的方式，通过与他人一起协作才能够被医治。

C. 情感的或审美的：寻求美，精神的

在心的对话中，我们要打开心门来接纳他人的美。因为我们人类是肉体和精神的统一，或者不如说是灵肉一体，我们将自己的灵与肉表现在对生命的各种各样的反应中：喜乐、悲痛、感恩、愤怒和最重要的情感——爱。我们设法表达我们的内心感受，这些感受以更深刻的、更高级的方式抓住现实，我们很难用理性的概念和语言来表达。因此，人们创造了诗歌、音乐、舞蹈、绘画、建筑来表达心声。（也正是在这里，人类灵魂中深奥的、精神的、神秘的一面被完全表现了出来。）全世界都热爱美，所以，也正是在这里，我们找到了与他人交流的最容易的方式，通向对话之门的最简单的方式。

D. 神圣：寻求合一

我们人类不可能过一种分裂的生活。即便只是为了生存，更不用说繁荣，我们必须"把所有的都整合在一起"。我们必须不只让头（Head）、手（Hands）、心（Heart）互动共舞，也要把不同部分以和谐（Harmony，第四个以"H"开头的词）的方式组合在一起，过全面的（Holistic，第五个以"H"开头的词）人生，这也就是宗教所说的，我们应该神圣（Holy，第六个以"H"开头的词）。因此，只有当我们内在的各层面都在进行对话，我们也与周围的人进行对话，我们才是一个真正的人（Human，第七个以"H"开头的词）。我们必须在一个神圣的人里面，一起跳头、手、心，全面的[8]、和谐的宇宙对话之舞。

Ⅶ. 第二轴心时期

正如尤尔特·卡曾斯（Ewert Cousins）[9]所指出的，如果我们把目光转向20世纪后期和当代，我们就能发现另一个观念的变化，这一变化意义深远、影响广泛，卡曾斯称其为第二轴心时期。[10]就像第一轴心时期一样，第二轴心时期也是在所有文明中同时发生，在今天，就是指在全球，而且，毫无疑问，它也会像第一轴心时期那样，塑造未来几个世纪的思想观念。同样，它也会对世界的各个宗教有深远的影响,其中的几大宗教就是在第一轴心时期建立的。然而,新的观念的表现形式与第一轴心时期不同。当时,强调个人意识;现在,强调全球意识。

通过世界性的文化和宗教会议,在同一平面产生的全球意识只是第二轴心时期全球化特征之一。这一时期的意识是另一个意义上的全球观,换句话说,就是重新发现它在地球上的根源。此时此刻,当各个文化和宗教在一起开会商讨,想创立一个新的全球社会之时,我们在这个星球的生命正在受到威胁。工业化和科技——我们使用它们实现了聚合——现在却在破坏我们这个星球维持生命的生态系统。思想意识的未来,甚至是地球上的生命,都被不确定的阴霾笼罩。

卡曾斯并不是提出一个浪漫的设想,让我们活在过去,而是通过重演达成观念意识的进化。第一轴心时期发展出自我反省、善于分析、有批判意识的思想理念,在保留这些价值观念的同时,我们必须把前轴心时期的集体和宇宙观念再次融入第二轴心时期的思想意识中。我们必须通过把人类看作一个部落来重温部落意识的团结一致。

而且,我们必须把这一个部落与这个宇宙有机地联系起来。这也就是说,21世纪的思想观念从以下两个维度来看是全球性的:(1)从水平维度来看,各个文化和宗教必须在同一平面展开对话与合作,开始创造性地交流,产生一种复合的集体意识;(2)从垂直维度来看,各个文化和宗教必须深深根植于地球,才能为未来发展提供一个稳定和安全的基础。这种新的全球意识必须是有机的、生态的,有可以保障公正与和平的机制。弱势群体,即穷人、女人、少数种族和民族的声音应该受到关注。这些人群,与地球一样,应该被看作是第二轴心时期的先知和老师。全球意识的这两个维度不但是提升21世纪的一个富有创造力的可能性,也是我们想要生存必不可少的。

VIII. 全球对话的时代

轴心时代重要的范式转换不只造就了第二轴心时代,同时,由于全球意识,这种变化也引入了现代性的第四个主要特征——对话。事实上,这种变化远远超过了仅仅是另一个重要范式转换这个意义。这种变化是一场真正的"革命",是从人类一开始就持有的绝对论的立场转变到对话的立场。这种深层的对话越来越得到文化世界的塑造者教育、艺术、政治、宗教等方面人士的支持。

简明扼要地说,对话是一种全新的思考方式!人类正在从全球独白时代进入全球对话时代的黎明。我们越来越感到我们需要同那些与我们想法不同的人交流,尤其是包括宗教信仰不同的人。我们可以向他们学习,他们也可以向我们学习(这的确是一场革命!),因为我们越来越意识到我们所知道的,即使是对的,也是非常有限的。我们全部知识的有限性的特征尤其体现在对那个最复杂、最综合的知识体系的认识上——它指导我们的行为,这就是宗教。

正如卡曾斯注意到的,当代意识中最关键的因素就是全球意识。那些在20世纪上半叶似乎很有学识的有历史学、社会学分析能力的思想家曾经预言西方文明即将消亡,他们的预言很明显是错误的。第一次世界大战之后,奥斯瓦尔德·斯宾格勒(Oswald Spengler)在1922年写了一本很受欢迎的书《西方的没落》。[11]第二次世界大战开始后,彼蒂里姆·索罗金(Pitirim A. Sorokin)在1941年出版了同样畅销的书《我们时代的危机》。[12]考虑到1914至1918年间世界第一次全球战争所带来的全球范围大规模的、史无前例的毁灭和恐怖,以及1939至1945年间第二次全球冲突所带来的更大的灾难,这些学者和他们的众多支持者的悲观预测是可以理解的。

然而，事实上，这些世界性的灾难都是在基督教成为西方文明，现在又成为世界文明这一发展过程中，其在人类历史上独特的突破所带来的负面影响的表现。以前从来没有发生过世界大战；同样，以前也从来都没有世界性政治组织（国际联盟、联合国）。以前人类也从来没有拥有过可以毁灭全人类的真正可能性——无论是通过原子能或者生态的大灾难。然而，这些独特的负面事实之所以变为可能，是与基督教成为世界文明这一独特的成就息息相关的——这种情况在以前的世界也从来没有过。从负面的角度来看，从今以后，人类总会有能力自我毁灭。然而，尽管如此，我们有可靠的经验基础可以理性地希望，人类有一种内在的、无限的生命力会战胜死亡的力量。

但是，那些有关消亡的预言也有其道理，因为它说明人类正在进入一个全新的时代。20世纪上半叶那些持消极看法的人总是说只有西方文明才会消亡（如斯宾格勒、索罗金），但是，随着核武器和冷战的出现，新一代的悲观主义者又警告全球人类会有灾难。这些不断涌现的全球灾难意识虽然有一些消极，但是，它却是一个明显的征兆，它表明一个深刻的、全新的事物正在踏上人类历史的舞台。

Ⅸ. 对话文明

90年代中期，哈佛大学的萨缪尔·亨廷顿指出，随着冷战的结束，当代现实的一个核心问题就是"文明的冲突"。[13]正当新的世界秩序建立的过程中，它同时也受到各种类型的原教旨主义，如基督教、伊斯兰教、印度教、民族主义、种族主义、部落主义等的撕裂。冷战时期，无论我们赞赏、尊敬、容忍或是鄙视对方，至少我们还认为我们了解他们。但是，在90年代，我们进入了一种完全不和谐的迷惑状态，因而，我们在痛苦中挣扎，例如：波斯尼亚、北爱尔兰、斯里兰卡、克什米尔、印度、中东等地各宗教之间的大屠杀，还有对我们美国人来说，最令人震惊的打击是发生在2001年的"9·11"事件。这些暴力事件的发生只是当代社会顽疾的最明显的表现。这些问题的背后有深层的原因，即文化的、道德的、宗教的和精神的因素。

一个充满了宗教和种族之间的文明冲突的世界，正是第三个千禧年开始的世界。然而，事实并非如此。在目前"反恐的战争"中，有与"文明的冲突"相反的一个力量，这也是现实，而且，这个力量在不断增强。人类正在进行一个深层的进化转变，走入一个更高的、公民的、对话的生活方式。这种宗教和文化的演变把我们指向一个可以根本医治人类文化中固有的和威胁我们生存的深层问题，唤醒人类对话的力量。[14]这种从独白到对话的转变构成了人类思想意识中的根本逆转，这在人类历史上是全新的。正如我们前面所提到的，它在人类历史上引发的转变远远大于从第一轴心时期到第二轴心时期的转变。人类正在进入一个全新的全球对话时代。

与所有的范式转换一样，能够带领我们进入全球对话时代的"全球对话这一转换"也会遇到很大的阻力。目前所有的极端绝对论——基督教原教旨主义、伊斯兰教、印度教、僵硬的世俗主义，等等——都是这种阻力显著的破坏性象征。于是，在全球对话时代，人类带着迷茫的目光向新的黎明迈进，步履蹒跚。随着启蒙运动，曾经的基督教世界成为西方文明，现在正转变为全球文明，它以对话为其改变世界的核心特征。人类正在开创一个全球对话的文明时代。

（北京大学外国语学院英语系　高艳丽　译）

注释：

① 西西弗斯是希腊神话中的人物。他触犯了众神，诸神为了惩罚西西弗斯，便要求他把一块巨石推上山顶，而由于那巨石太重了，每每未上山顶就又滚下山去，前功尽弃，于是他就不断重复、永无止境地做这件事。西西弗斯的生命就在这样一件无效又无望的劳作当中慢慢消耗殆尽。（译者注）

② See Karl Jaspers, *Vom Ursprung und Ziel der Geschichte* （Zurich：Artemis, 1949), pp. 19–43；trans. Michael Bullock, *The Origin and Goal of History* （New Haven：Yale University Press, 1953）.

③ Thomas Kuhn, *The Structure of Scientific Revolutions* （Chicago：University of Chicago Press, 2nd ed., 1970）.

④ See Paul Lakeland, *Postmodernity：Christian Identity in a Fragmented Age*（Minneapolis, MN：Fortress Press, 1997）, pp. 16–18, wherein he lays out a variety of postmodernities；and Roger Haight, *Jesus, Symbol of God* （Maryknoll, NY：Orbis Books, 1999）, pp. 331–334, wherein he lists four characteristics of postmodernity：radical historical consciousness, critical social consciousness, pluralist consciousness, and cosmic consciousness.

⑤ Although Haight "heuristically" used the "postmodern" in his Jesus book to describe the above-noted characteristics of what he is content to call "postmodernity", still he is not wedded to the term："I have no interest in defending this title, for it may lend too much substance to intellectual developments which singly have not yet come to maturity or collectively coalesced in such a way that a clear cultural threshold or boundary has been crossed"（Haight, Jesus, p. 317）.

⑥ For a more detailed analysis of the increasing awareness of the limitations of our knowledge and the consequent need for dialogue, see Leonard Swidler, *After the Absolute* （Minneapolis, MN：Fortress Press, 1990）. Available online at http：//www. global-dialogue. com/swidlerbooks/.

⑦ See Leonard Swidler, with John Cobb, Monika Hellwig, and Paul Knitter, *Death or Dialogue：From the Age of Monologue to the Age of Dialogue* （Philadelphia：Trinity Press International, 1990）.

⑧ Those who know Western medieval philosophy will recognize that these are the "Metaphysicals", the four aspects of *Being Itself*, perceived from different perspectives：the one, the true, the good, the beautiful.

⑨ I am in this section especially indebted to Ewert Cousins' essay "Judaism-Christianity-Islam：Facing Modernity Together", *Journal of Ecumenical Studies*, 30：3–4（Summer-Fall, 1993）, pp. 417–425.

⑩ For a more comprehensive treatment of Cousins' concept of the Second Axial Period, see his book *Christ of the 21st Century* （Rockport, MA：Element, 1992）.

⑪ Oswald Spengler, Der Untergang des Abendlandes （Munich：Beck, 1922–23）, 2 vols.

⑫ Pitirim A. Sorokin, *The Crisis of Our Age* （New York：Dutton, 1941）.

⑬ Samuel Huntington, "Clash of Civilizations, " Foreign Affairs, July, 1993, pp. 22–49. See also his, *The Clash of Civilizations and the Remaking of World Order* （New York: Simon & Schuster, 1996).

⑭ Huntington himself pointed to this move toward global dialogue, even if only in the form of a need：We "need to develop a more profound understanding of the basic religious and philosophical assumptions underlying other civilizations... It will require an effort to identify elements of commonality between Western and other civilizations... to learn to coexist with the others"（Foreign Affairs, p. 49）.

The Transformation of the Modern Society and Hindrance in Civilization Conversation

现代世界的转型和文明对话的障碍 ■ 亚历山大·丘马科夫

（Alexander N. Chumakov）

摘要：我们似乎正逐渐陷入新的冷战中。在全球相互依存的世界中，没有一个外部强力能够使众多国际行为体不仅尊重自己的利益也尊重他人的利益和共同利益。各式各样的制裁就是这一状态的鲜明体现。过去几年里，它们越发成为对某些国家和组织施压的工具，以促使它们改变政策和行为。当我们从分形的角度观察世界，着重考察其"文化兼文明体系"时，我们传统上认为是独立的文化和文明，可以轻松地沿着一条特定的、明显的线进行归类，并在现代的全球世界图景中进行定位。这一分析最有价值的结果是不再将"颜色革命"、制裁等所代表的社会冲突和动荡视为意外事件。在各种"文化兼文明体系"的互动和碰撞过程中，它们的真实性质变得清晰起来。

关键词：新冷战；制裁；分形观察；归类；殊途同归

Abstract: It seems that we are getting into a new cold war. In a globally interdependent world, there is no outside force that can enable so many international actors to respect not only their own self-interest but also others' and the common interest. All kinds of punishment symbolize the phenomenon, which in the past few years have increasingly become tools to impose pressure on other countries and organizations for altering their polices and acts. Observing the world from the fractal perspective, when we focus on its "cultural and civilized system", we can categorize the cultures and civilizations conventionally regarded independent along a certain clear line, and fix their positions in modern global scenario. The most valuable of this analysis lies in the notion that does not treat the upheavals and conflicts as accidents represented by " Color Revolution" and sanctions. During the interaction and collision of "cultural and civilized systems", their true nature is getting clearer and clearer.

Key Words: New Cold War; punishment; fractal observation; categorization; reaching one goal by different means

在过去二十年中，就单一国家内部、民族国家之间、民族国家组成的联盟之间加剧的紧张而言，世界的形势发生了巨大变化。很明显，我们似乎正在逐渐陷入新的冷战当中。这种情况是在多领域内的全球化背景下产生的。① 在全球相互依存的世界中，没有一个外部强力能够使众多国际行为体不仅尊重自己的利益也尊重他人的利益和共同利益，而每个追求各自目标和保护自己利益的行为体都将不可避免地发动一切人对一切人的战争。

各式各样的制裁就是这一状态的鲜明体现。过去几年里，它们越发成为对某些国家和组织施压的工具，以促使它们改变政策和行为。作为自20世纪末以来的世界秩序的典型特征，"颜色革命"则是这种不断加剧的不稳定的极好事例。此类革命源于不同国家的国内紧张形势，制裁则是属于外部领域的，也就是说，它们是国际法各主体间互动的一部分。

将制裁作为一种特定的工具去解决无法协商的问题，乃是一个新现象。它们的有效性取决于全球的联系和全球性的相互依赖——在这些存在之前，制裁没有意义。如今，世界已经进入了多领域全球化的时代，制裁变得流行起来。虽然听起来有些奇怪，但是认为制裁是一种在全球性的国际事务中保护自身利益、解决各国际法主体之间存在的矛盾和争议的文明手段，仍是有道理的。实际上，它们意味着当人们找不到合法或可协商的解决方案时便要运用"软性权力"。②

制裁当然是坏的。它意味着削弱贸易、商业、金融等联系，令经济形势恶化、生活质量下降。这些经历会迫使冲突的一方同意（或不同意）某些让步和协议。朝鲜、古巴、伊朗和现在的俄罗斯表明，制裁可以被长期忽视。而它们的替代方案要么是迁就所达成协议的后续观察，要么是加剧冲突、用武力延续争执。不过，无论制裁是单边的还是双边的，它们不仅是国际关系不可调和的必然后果，也是一种有效的方式，即使冲突中的一方和平地表达不满和反对另一方。当全球各个系统性因素紧密地相互依赖于多领域全球化的影响下时，这一点很重要。因此，要防止各方不能或不愿让步，除了制裁，也只有直接使用武力发动战争。发动制裁（作为"软性权力"的一种形式），特别是在有核国家涉及的冲突中，不应该被视为最终手段，而是在糟糕和更糟之间做出的选择。选择了糟糕，参与者们仍然会保持克制而不陷入最糟状况中，以保留继续磋商和达成彼此能够接受的协议的机会。在这种情况下，解决问题的最好办法就是文明间的对话。

"颜色革命"则不同。它们颠覆社会生活的稳定，威胁已有的社会共识而且其影响不仅限于这个国家或那个国家。它们与那些常常发生、形式多样的社会灾难类似，同时又有自己的特点。这一现象的真正实质是什么？它的基础是什么？为什么刚好从20世纪末开始，在各种社会里这类革命时常发生？最后，这种革命的时代过去了吗？可以阻止它们吗？

我的答案是否定的，这样的时代还没有结束。这种革命事实上是阻止不了的，只能推迟它们的发生或将其降低到较低水平，但这也只能是在特定条件下、当局做出了充分应对的情况下，维持一段时间。这些手段不能消除此类革命的根源。

首先，让我们看看不稳定中心地区的地理位置。看着地图，人们不禁会注意到那些发生过或试图发生过"颜色革命"的国家，大多位于完全不同的文化兼文明体系之间的边缘地带。[3]我们可以在这里看到一些不稳定区域，其中一个就在这条串起西欧周边各国的线。从直布罗陀出发，沿北非穿过地中海和中东，到亚美尼亚和格鲁吉亚，再穿过乌克兰和白俄罗斯到的波罗的海共和国，存在着一条明显的、几乎完整的线。在位于亚洲的苏联各加盟共和国之间也可以找到这样一条明显的线。而同时，在北美、撒哈拉以南的非洲、澳大利亚以及有少数例外的南美洲，就找不到这样类似的东西，在亚洲的任何地方（除了上面提到过的地区）也是如此。在这里只能找到零星几处滋生了类似"颜色革命"的事件，如在菲律宾（1986年）发生的事情。只有找到社会不稳定的真正根源才能理解这是为什么。

那么，为什么不稳定区域与上面提到的这几条线相对应？为什么滋生社会紧张的温床以这种而不是那种形式存在？"颜色革命"应该被理解为社会制度中深刻的矛盾和分歧的结果及其外在表现。这些现象不仅可以通过不同国家的社会和政治制度安排或者经济情况加以解释，还可以通过他们与周边国家的社会制度的关系加以解释。[4]

为了解事情的原委，可以对比一下某些社会的和自然的进程，它们彼此相去甚远却在外在表现上颇为相似。在地球岩石圈板块的地图上看一下就能明白，所有的地质灾害都发生在断层线上。

如果透过涵盖全人类文化兼文明体系的视角看，我们可以用上面提到的现象来类比社会中发生的情况。这些体系就如同岩石圈板块，覆盖了地球上所有的社会空间，沿着它们的断层和碰撞线，产生了所有这些紧张和社会动荡，其中极具代表性的就是"颜色革命"。要更好地了解这一切，就应该转向文化兼文明体系的定义及其类型学。

"文化兼文明体系"的概念是相对晚近才被引入到科学术语当中的。它被用来指称这种或那种社会结构、某一具体的人类社区，被描述为"兼顾两个方面的一个整体：一方面是他们的文化归属，另一方面则是他们的文明进步程度"。[5]

在全球化的影响下，人类仍然因地域相隔和地方领土所限，保留了各组成部分的某些自主和自足。我们需要看到这一社会有机体在多样性和互动性中的统一。换句话说，全球的社会体系作为我们研究全球化时的主要对象，也可以且应该从其组成部分的角度去审视。这些结构要素是独立的社会单位，如民族、国家、社会文化社区、经济和政治联盟、宗教团体等。作为独立的社会结构，这些单一的整体性体系中的构成要素（子系统）与整体体系本身一起，构成了一个独特的社会分形（sociospheric fractal）[6]。可以说，在"文化兼文明体系"的视野下，既要从全球体系的角度，也要从其各组成部分（各自作为自足的文化兼文明体系）的角度来进行最好的理解。

将全球人类及其各组成部分理解为一种分形并全息地体现在"文化""文明""全球化"等重叠概念中，这使得我们在隐中见显、在小处见大、在大处见小、于常规中见偶然、于偶然处见常规、在普遍中见特殊、在特殊中见普遍、见著知微、见微知著，不一而足。这对我们理解全球化的世界、理解多样性与矛盾性中的社会联系至关重要。换句话说，现在不能以"黑与白"而应该以多彩视角看待世界，或说不应以"线性"而应以"多维"视角看待这个世界。为了充分反映这种新的全球化世界观，语言也应收纳一些必要的术语。

"文化兼文明体系"的观念是一个复杂的范畴，有助于我们理解作为整体的人类以及从单独和多样性角度理解其构成性的要素（首先是国家及其联盟）。

笔者不再赘述诸种"文化兼文明体系"的细节，而是着重谈一谈它们之间的主要区别。在诸种"文化兼文明体系"中，一方面，我认为自足的整体性社会结构就文化的基本特征而言是完全不同的。与大量差异的存在相伴随的，是对于完整社会而言共有的某些重要部分，如语言、宗教和意识形态。另一方面，此类结构的不同部分之间共同的文明关联和联系所具有的相对统一的表现形式，也是这些结构所具备的特点。

应该提到的是，任何一个社会群体都在这里或那里占有着特定的领土空间。虽然并不是总能弄清它的最终界线（基本轮廓），但是可以轻易地在地球的地理地图上对其作出识别，例如以某民族地域、某具体国家或者国家联盟的边界为界。历史学家使用好几个既定的术语来指定这样的领域："区域""地区""聚落（ecumene）"⑦，或作为终极领土实体的"全世界"，即整个地球。在本文的语境中只停留在聚落这个层次就足够了，因为这样的地区常常被大型现代国家占据，或者被以联盟为代表的整体性社会体系占据。

在这些文化兼文明聚落的领土边界内，虽然不同的社会实体具有文化的多样性，但我们可以看到这些聚落的文明进程的统一性。当代世界的社会体系是由18个明确划定的文化兼文明聚落组成的：西欧、东欧、俄罗斯、近东、中东、中亚、东南亚、印度、中国、日本、太平洋、澳大利亚（包括新西兰）、北美、中美洲、南美、北非、中非和南非。当然，这份清单并不意味着没有其他进路和分类方法。⑧但是，它可以让我们从一个不寻常的角度看待当代世界，重新审视它。

我区分出不同的"文化兼文明体系"，不是为了将它们置于"更好些"和"更糟些"的位置加以比较，而是找出它们独有的特征和进行文化和文明上交流的机会。不同的民族在文化和文明上越接近，它们就越容易和越积极地营造出相互理解和合作的氛围。例如，欧洲、北美、澳大利亚的文化，虽然彼此间存在（有时是显著的）不同，但是这些聚落都是文明形态类似的，这就使得他们的"文化兼文明体系"能够在很多议题上产生互动。这些显著不同的社会体系在互动和合作上具有相似的基础。正如 L. E. 格里宁（L. E. Grinin）和 A. V. 科罗塔耶夫（A. V. Korotayev）在他们的研究中所表明的，有充分的理由将它们都归入一个整体的"西方"概念之下。⑨在过去几年中，人们也会发现有着各自独立文化、文明进程加速发展的中国、印度、俄罗斯和巴西也加入了加强文化兼文明联系、增进建设性合作的国家之列。⑩

西方的（技术性的、资本主义的）文化兼文明发展模型的特征是渴望掌握自然力量和资源，与之伴随的是科技进步的加速、人为产生的环境压力的增加、社会联系和关系的不断转变。而对于东方（或更广泛的"非西方"）模型而言，文化兼文明发展通常与传统主义和文化连续性有关，而不会影响事物的自然过程和走向。在这里集体主义要素是主流，而在西方则以个人主义要素为主。这就是为什么东方人更容易适应现存的社会政治环境，而不是按照西方的思维方式来改造它。最后可以说，在东方（以及在许多方面在俄罗斯也是如此）人们看重文化，而在西方则看重文明进程。⑪

根据上面对西方和东方的社会发展类型的简单比较，可以得出结论：当我们从分形的角度观察世界，着重考察其"文化兼文明体系"（聚落）时，我们传统上认为是独立的文化和文明，可以轻松地沿着一条特定的、明显的线进行归类，并在现代的全球世界图景中进行定位。这一分析最有价值的结果是不再将"颜色革命"、制裁等所代表的社会冲突和动荡视为意外事件。在各种"文化兼文明体系"的互动和碰撞过程中，它们的真实性质变得清晰起来。

回到围绕着西欧的文化兼文明聚落的"不稳定地带"上来，我认为它之所以存在，乃是西欧聚落同它接壤的、处于不同文明发展水平和文明形态上的北非、中东和东欧文化兼文明聚落直接接触（实际上是冲突）的产物。由于一些历史的、经济的、社会文化的和其他的原因，这些聚落具有更为威权主义的政治制度、较不发达的公民机构、较少承认和尊重人民权利等特征。因此，随着全球化和技术能力的不断发展，社会流动的不断加强，信息透明和教育水平的不断提高，更多靠近西欧的国家的人民直接感受到了更高的生活水平。他们会更多质疑其社会制度的文明成就，而不太质疑其文化成就。人们越来越多地试图改变自己的生活方式。在国内无法找到所需的机会，人们就会选择移民，以试图摆脱动乱、暴政和贫困，从而获得安稳、法律保护和相关福利。所以过去几年，欧洲几乎被移民所淹没。

为什么在俄罗斯和中国这样的"文化兼文明体系"（聚落）之间的边界地区，或中非和南非的边界地区之间，没有发生革命？如果使用上述地球构造板块的类比，答案是显而易见的。因为它们的文明发展程度不存在明显差别，不足以在它们的"文化兼文明体系"边界产生足够强烈的紧张状态。

对于像北美、中美洲、南美、太平洋、澳大利亚甚至日本这些聚落，它们能稳妥地对抗"颜色革命"，是因为它们不与其他"文化兼文明体系"接壤（或几乎不接壤），有大洋阻隔其间。那些成员在世界各地积极流动和做生意的聚落（我首先指的是美国、加拿大、日本和澳大利亚），在文明上足够先进，无须警惕"颜色革命"。最后，还有一些特定的分别位于不同的聚落内的"颜色革命"案例。如在菲律宾（1986年）发生的事件，这是因其在历史上就存在针对当地政府体制的公民运动的传统。

以上所述就是文明对话的主要障碍，因此，有必要高度重视现代世界的转型，并对其加以深入研究。

注释：

① Edited by Alexander N. Chumakov, Ivan I. Mazour and William C. Gay, With a Foreword by Mikhail Gorbachev, *Global Studies Encyclopedic Dictionary*. Editions Rodopi B. V., Amsterdam/New York, 2014, pp. 239-240.

② Chumakov A. N., *Philosophy of Globalization*, Selected articles, 2nd revised and expanded edition, Moscow University Press, 2015, pp. 75-88.

③ Chumakov A. N., *Metaphysics of Globalization*: *Cultural-Civilizational Context*, 2006, pp. 377-440.

④ Edited by Alexander N. Chumakov and Leonid E. Grinin, *This Globalizing World*, Russia, Uchitel Publishing House, 2015.

⑤ Chumakov A. N., *Metaphysics of Globalization*: *Cultural-Civilizational Context*, 2006, p. 377.

⑥分形是一种材料、图形或别的客体，其特征是分形维度（fractal dimension）并且是其所有构成部分的复制（自相似性），仅在尺度上有所不同。分形是多种实体、模式或抽象图式的生成原则，更大的形式在复制其内部的更小形式。将全球的人类看作是一种分形，开辟了多种新的途径，可以了解碎片化世界的整体性，了解其各自独立乃至自足的、构成整体的各部分的整体性。人们可以借此在多样性中寻求统一，在统一中寻求多样性。

⑦这里的聚落一词（源于古希腊语 Οἰκουμένη，栖居）的含义是地球表面尽可能大的土地区块，通常包括了许多地区在内。

⑧ Edited by Alexander N. Chumakov, Ivan I. Mazour and William C. Gay, With a Foreword by Mikhail Gorbachev, *Global Studies Encyclopedic Dictionary*, Editions Rodopi B. V., Amsterdam/New York, 2014, pp. 66-75.

⑨ Grinin L. E., Korotayev A. V., "The Inflationary and deflationary trends in the world economy, or the spread of 'Japanese disease' ", *Age of Globalization*, 2014, No. 2, pp. 14–31.

⑩ 详见 "The BRICs created the equivalent IMF $100 billion", URL: http://top.rbc.ru/finances/07/07/2015/559be 15f9a79475a89ba60d0 和 Kwang Ho Chun, *The BRICs Superpower Challenge: Foreign and Security Policy Analysis*. Ashgate, 2013。

⑪ Chumakov, A. N. and Gay, W. C. (eds), *Between Past Orthodoxies and the Future of Globalization: Contemporary Philosophical Problems*, Rodopi B. V., 2016. pp. 9–21.

Can We Overcome the Global Crises?
我们是否能够克服全球危机？

■ 理查德·福尔克[*]

(Richard Falk)

摘要：乌托邦的传统为人类如何更好地相处提供了种种设想，现代时期的相关努力没有演化成实际的政治项目。占主流的理论传统不得不向以国家为中心的世界秩序低头，而把希望寄托在忍让克制、互惠合作、权利均衡以及最重要的是主要掌权者的小心谨慎之上。无论个人还是国家都是通过理性的方式追求自身利益，而没有考虑来自法律和道德的束缚。人类所能尽到的最大的努力就是建立一个脆弱的、可持续的世界。这种描述极为切合目前人类的共处方式。在全球范围实现以国家为中心的边界向全球分配的"限制"过渡是一个充满危险的过程，而根据以此带来的危机来调整世界秩序是人类社会所从未面临过的前所未有的挑战。

关键词：乌托邦；民族国家；自身利益；脆弱的世界；调整国际秩序

Abstract: The Utopian tradition provides various imaginations for how human beings can get along with each other better, but the relevant efforts in modern society have not evolved into a real

---

[*] 理查德·福尔克（Richard Falk）是普林斯顿大学国际法学领域艾伯特·G.米尔班克荣休教授，他自2002年起担任加利福尼亚大学圣塔芭芭拉分校全球和国际研究专业研究教授一职。同时，他也是核时代和平基金会董事会主席，近年来发表《实现人权》（2009）、《崩坏的世界秩序》（2004）、《恐怖大战》（2003）等一系列著作。其中，《恐怖大战》研究了美国民众对"9·11"事件的反应，并涉及"9·11"事件与国民爱国责任之间的关系。福尔克教授自2008年起担任联合国巴勒斯坦地区人权理事会特别报告员，他还曾任职于国际科索沃问题独立委员会。福尔克独立撰写及与人合著了多部著作，包括《宗教与人性化的全球治理》《人权地平线》《人性化治理研究》等。本文是在作者2011年2月22日在犹他大学讲演稿的基础上修订而成。

political project. The theoretical tradition in dominance has to bow toward state-centered world order, and count on mutual tolerance, reciprocal cooperation, the balance of rights, and especially the chief administrators' prudence. Both individuals and nations have been seeking self-interests, regardless of the restriction of laws and morality. What mankind can do best is to establish a fragile but continuous world, which much fit in with the current mode of human co-existence. It's a perilous process to realize the global transition from state-centered boundary to the restriction of global allotment. And adjusting the world order according to the consequent crisis will be confronted with unprecedented challenges.

Key Words: Utopia; national country; self-interest; the fragile world; adjustment of international order

在地球上共存

法国哲学家雅克·德里达（1930—2004）在一篇意味深长的文章中曾经问道："我们在这个世界上如何实现更好的相处？"①他提到，全球的现状使人类之共处已经无法避免，不管是正义的还是非正义的，和平的还是非和平的，小心翼翼的还是大胆鲁莽的。分析人类在过去如何相处（尽管他们没有直接接触）属于历史范畴。在过去几个世纪中，交通、通信和组织的发展，已经永久改变了我们对"共处"的看法。毋庸置疑的一点是人类从来没有学会"良好"地共处过，当然某些时期可能比另一些时期好一些。而人类，即使仅仅是一个很小的社区，是否有足够的能力和睦共处都值得怀疑。只要对我们过去的历史稍作讨论，其答案似乎是否定的。②

乌托邦的传统为人类如何更好地相处提供了种种设想，从一个非常重要的方面对德里达所提出的挑战进行了回应。乌托邦主义所描绘的最持久的图景是构建一个相对小的群体，其思潮往往是平等、简单的生活方式和非暴力。③充满悖论的是，这些乌托邦式的共存模式的基础却是"老死不相往来"，即无须面对因为缺乏而带来的外来压力，或者应对为维护社会群体的整体福利与和谐所提出的新要求。

乌托邦式的政治思想的第二个传统是只有通过构建一个世界政府人类的共处才能令人容忍。该思想认为主权国家的存在势必导致政治分裂，而政治分裂势必引起战争和冲突。④全球现实的这种缺陷可以通过建立一些可以维护国际法的全球性机构而获得弥补，尤其是涉及和平与安全的问题。⑤

第三种乌托邦思想强调重视殖民主义之后创造新的发展议题，以解决贫穷和全球发展不均衡等问题，尤其重视非西方社会的兴起和建设一种更加国际化、更加平等的世界秩序。⑥

在现代时期，这些乌托邦的努力没有演化成实际的政治项目。占主流的理论传统不得不向以国家为中心的世界秩序低头，而把希望寄托在忍让克制、互惠合作、权利均衡以及最重要的是主要掌权者的小心谨慎之上。⑦这种观点与政治现实主义的宿命论传统相关联，即将战争以及战争的防止视为人类历史的驱动力，无论个人还是国家都是通过理性的方式追求自己利益的，而没有考虑来自法律和道德的束缚。⑧人类所能尽到的最大的努力就是建立一个脆弱的、可持续的世界，主要的国家得以通过恐吓和威胁保障其安全。这种描述极为切合目前人类的共处方式，也反映了技术创新对战争与和平的组织方式及其后果影响。

两个世纪之前，康德写了一篇题为《永久的和平》的文章，他指明了在国家作为一种根本的政治形式存在的情况下如何实现一个永无战争的世界。他的"民主和平"的理论是基于共和式民主的传播和扩散，再加上非军事化、商业的纽带、对陌生人的热情与好客。⑨如迈克尔·多伊尔（Michael Doyle，译者注：美国国际关系学者、哥伦比亚大学教授）所指出的，民主国家之间似乎不太容易发生针对彼此的战争，但是其经常准备入侵非民主的敌人。康德所指明的道路的吸引力在于，它不依赖于成立一个全能的世界政权，而且领土疆域之内的慈善统治与世界和平是息息相关的。

许多学者（包括本人在内）认为，核武器的发明暴露了在一个由主权国家组成的世界中，人类之共处具有令人无法容忍的一面。⑩即使在原子弹发明之前，战争的破坏性已经导致人们怀疑：为保障安全的战争体系在道德上是否能够站得住脚？原子弹所起的作用是突出了一个根本的问题，即以国家为中心的体系是否具有可持续性，以及我们是否能够忍受。⑪随着大气层中温室气体的逐年增加，我们可能将面临灾难性的气候变化，这使得该问题更加地尖锐。⑫在这两个问题上，我们似乎可以通过放弃核武器和控制与工业活动相关的排放而找到解决方案。然而，尽管我们很明白威胁的严重性，却缺乏足够的政治意志力进行政策调整。如果是这样的话，将来某一天源自宇宙某处的外星来客将为我们写下这样的墓志铭："这个群体已经无法共存。"

我不准备接受对未来的这么悲观的解读。我认为人类社会可以学会可持续地处理自己的问题，但前提是我们必须做一些根本性的调整。这些愿望赶不上德里达对问题的宏大设想，但是（在我看来）问题本身也不如他想象的严重。实现一个完全没有核武器和大规模贫困的世界不太可能（或者说我们不太可能让核武器和大规模贫困在这个世界上完全消失）。同时，如果要负责任地解决气候变化问题，我们必须改变人类共存的方式，但是让我们完全告别现代性，告别西方的消费主义，斩断安全与战争的联系，似乎也不太可能。结果是，目前不断深化的全球危机的核心是"需要的视野"（horizon of necessity），而想要有效地对此做回应则取决于政治上对"渴望的视野"（horizon of desire）的反应。从这层意义上来讲，"可行性的视野"（horizon of feasibility）即政治作为一种可能的艺术（或者手段）是起不到什么作用的，它甚至可能成为一种烟雾掩盖了我们所面临的挑战的严重程度。只有以需要和愿望为前提的"不可能的政治"（politics of impossibility）才可能为我们如何共处提供希望，以克服目前人类的社会不可容忍的状况和促进未来的可持续发展。

因此，人类之共处（或曰全球治理）这一问题既是规范的（Normative）又是经验的（Empirical）⑬（译者注：规范是指从权利出发对实现理想国际秩序的追求，它由一些共同的价值构成；经验是指为了各自利益而进行权力斗争的过程和结果）。如果我们不学会如何共处将丧失共处下去的信心。这是21世纪人类社会新的定义性特征，这是前所未有的，至少在现代时期，只是整体的某些小部分面临着生存威胁。⑭这些威胁的规模和产生概率是无法确定的，对其进行量化往往是徒劳的。⑮真正起到决定作用的是我们是否可以通过重组人类政治生活，以降低人为原因所导致的灾难的发生。

因此，决策者和学者们如果仅仅局限于解释以国家为中心的体系即威斯特伐利亚体系（Westphalian System）在当前阶段是如何运作是不够的，即使他们的建议涉及如何维护和平与稳定，如何促进公平与正义。⑯我们需要进行一整套机构和规范的改变，而这种改变的范式可以被认为是后现代的全球设想（Global Imaginary）。这种后现代的全球设想将体现出一种政治意识，既充分考虑整体（整个世界）的福利，也关注个体（主权国家）的观点。而当今现代化的设想（imaginary），是由主权国家的目标和价值所主导的，表现在对外政策上就是国家利益至上、跨国资本优先以及倡导集体福祉的机制的羸弱。⑰这种现代的设想其纵向性和横向性是互动的：纵向性的前提是国家与国家之间在法律上是平等的；横向性的前提是国家与国家之间在地缘政治上是不平等的。

重新排列全球设想：一种后现代的范式

如前所述，从长期可持续性发展的角度来看，以现代国家为中心的国际政治研究范式正日益失效（或曰正日益脱离实际）。⑱在这个基础上，当前全球决策和问题解决的危机在本质上是一道无解的方程。如果我们要跳出这个已经不合时宜的现实主义框架进行思考，我们必须假设另一种可以更准确地反映全球发展和现实挑战的范式是存在的。

从经验到规范的认知探索。（我们）对世界政治的理解依然是由以国家中心主义为前提的范式所塑造的。主要有两个版本：一个主要的学说认为未来的世界秩序将依然完全为主权领土国家所构成；另一种看法认为虽然国家依然是秩序和权力的主要来源，但是文明、地区和国际性机构在缓慢发展，并在协调复杂问题、相互依存和维护当代脆弱的世界等方面发挥日益重要的作用，它们加起来构成一个复杂的现实。

这种现代模式的不足之处在于它低估了全球挑战的深度和广度，以及它无法回应个人或者集体之诉求，为其追求实现可持续性、稳定性、灵性以及平等等目标时指明一条道路。⑲我们所假定的后现代模式将填补"是什么"和"需要什么"之间的空白，其本质上是制定和实施相关政策的能力，以符合人类共同和永久的利益，满足人类的愿望。如果我们缺乏这种能力，我们就无法应对核武器、气候变化、全球经济、大规模贫穷等给人类带来的挑战。因此，这是一种"常规性"的评价，即在接下来的几十年之内，目前以国家为中心的世界秩序，除非获得来自以地缘为中心的世界秩序的补充，否则，其协调机制将会分崩离析。

从边界到界限。现代范式是通过以国家为中心的视角来影响我们在全球问题上的思想和政策，其主要关注点被囿于特定的国家领土之内。这种视野的逻辑是，领土国家在其疆域之内是完全自主的，在其领域范围之外的空间内，比如海洋和太空，他们依然有充分的使用权，只要他们也尊重别人同样的自由。这种现代的权力分配有两个预想前提：一个是国家在其领土之内的行为不会对他国造成严重危害，因此其管理政策不受任何国际限制——只要被管理者同意，管理者可以为所欲为。第二个预想前提是，在全球共享领域内（如海洋和太空）各自的诉求都可以得到满足，因为有充足的外部条件做保障。将世界秩序这一概念狭隘地归纳为它的附属财产，就意味着在国内有不受限制的权力，在国外有不受限制的自由。这一现实因为国与国之间的边界而固定下来。当然，一些复杂的情况使得这一图景变得模糊，如国家之间的不平等、权衡性的战争（discretionary warfare）、南北极、200海里的专属经济区。反映这些政治现实的地图被深深地嵌入政治意识当中，体现在国际法的各种条款和原则中，它反映了世界上各个主权实体是由边界区分开来的这一根本事实。边境管理机构控制人员和物品的进出，在这个被圈起来的领地内部，公民身份和民族意识形态成了凝聚政府与人民的纽带。

从上个世纪中叶开始，这种地球的条块分割所带来的问题逐渐在多方面暴露出来。举两个最富有戏剧性和灾难性的事件或许就足以支持该论点：纳粹的野蛮政策带来的种族大屠杀和二战期间日本城市遭受的核轰炸。这两个事件表明完全依赖国家中心主义是不可取的，我们需要对其加以"限制"。在该认识的基础上，一些举措被提出来。如《世界人权宣言》就包含这种观点（虽然它缺乏强制推行的手段），国家的内部管理也存在某种具体的界限，如果该界限被超越了，对其主权的尊重将岌岌可危。与此相类似，核裁军的前提是必须从世界上消除该终结性的武器，如果做不到，其使用应该受到严格的限制，即使一个国家的安全受到威胁，也不能贸然使用。[20]

随着全球化的到来，大规模恐怖主义的兴起，以及对气候变化的关注，这种对"限度"的重视、对无疆界的世界的呼吁越来越富有现实意义。我个人认为只有一个包容全球利益和全人类利益的视野才与可持续性相容，才有希望实现一个更加和平与正义的世界秩序。这一立场意味着现存政治意识迫切需要范式转变，虽然在可预见的未来，还不太可能改变人们的行为。这种"需要什么"和"什么有可能"之间的沟壑被否定，极端主义、各种形式的逃跑主义伪装起来，使得世界上的人们不得不面临各种规模不断扩大、程度不断加深的威胁。

由于以国家为中心的决策机制依然在全球问题的决策方面方兴未艾，很容易使人支持这种悲观的结论。其结果是，有望为可持续和可接受行为提供引导的条件极为有限，且不断遭到忽视。在很多事情上，国家中心主义者的逻辑（Statist logic）依然占据了上风，如全球市场活动的调节管理、禁止依赖核武器保卫国家安全、限制碳排放、防止种族灭绝行为。一些占主导地位的国家实际上是目光最短浅的国家，因为他们已经习惯了不受限制地追求自己的利益。这种国家中心主义者的逻辑，由于政府掌握了主要的决策工具，虽然其已承认问题所在，但是找不到可行的解决办法。相反，目前的一些做法是在测试人类社会的底线，将对未来带来灾难性的危险，包括无人机技术、网络大战、新自由主义全球经济学、用水力压裂技术开采天然气、深海钻井开采石油、转基因食品、人口增长以及人均和总体经济增长。这些"饮鸩止渴"的办法以国家的实践和世界观为基础，并受到了技术进步和物质欲望的刺激。而且，尽管它们的成就乏善可陈，其引起的警告频频发生，但是它们在短期之内还不太可能被以人类利益为基础的全球政策所取代。[21]

从公民到全球公民再到公民朝圣（citizen pilgrim）。这种范式的转变必须得到个人的参与和经历社会思潮的重塑。当前，公民的社会化主要参照的是其民族意识形态，在全球政策问题上，使公民的观点和国家的利益相一致。这种定位创造了一种政治气候，使得政府的行为者，尤其在民主社会必须力求在所有的国际交易中降低成本扩大收益。这种行为准则因为爱国主义、国家安全至上、叛国等同于犯罪等理念得到强化。

这些行为特征被深深地嵌入以国家为中心的结构当中，但是在某种程度上受到了"全球公民"这一主张的挑战。诚然，"全球公民"可以有不同的解释，但是多种解释的核心均是对民族国家和对世界共同的归属感。我们可以假设（当然不可能发生），授权世界人民去参加美国的选举，以承认一个事实，即美国所发生的一切对全世界的各个社会均会造成影响。全球公民这一提法是和世界秩序的"空间"概念相一致的，但是该提法未能充分地反映一个有限的条件仅存在于未来的全球环境。在这种环境中，"时间"是适应性意识的一个关键组成部分。

由于这个原因,近年来我提出自目前这个历史时刻界定公民身份的最有建设性的办法是提倡"公民朝圣"。[22]我的重点是一段旅程,如同朝圣一样,其目的地是未来某个时期我们将超越眼前的痛苦和即将到来的现实。一段公民的朝圣是指依赖人类的利益立志超越21世纪的多种挑战的,同时意识到时间的维度以及全球化的空间。

从部分到整体。这种范式转移所隐含的一个观点是我们有史以来第一次可以声称"整体大于各个部分加起来的总和"。在现代时期,其系统的一个显著特征是"部分之和远远大于整体"。在大多数情况下,声称全球或者人类的至高无上,对于解决问题并没有太多实际意义。如前所述,在一系列全球问题的解决机制方面,我们仍然依赖于以国家为中心的体系,这一点是令人沮丧的失败。也就是说,问题的解决和政策的形成都由国家主导,受到其民族利益的影响。在这种情况之下,只有国与国之间经讨价还价达成妥协之后,才会产生和人类利益一致的结果。当博弈者之间地位差距甚大,或者其利益分歧南辕北辙,就基本不可能达成协议。

在某些情况下,公司和金融机构的看法和市场力量的全球化更加一致,从而对政府部门的行为者产生显著的影响。表面看来,全球经济似乎与私营部门在提高其资本效率过程所展示的全球经济利益是一致的。即使情况如此,由于经济因素的作用以及(私营部门)容易受到政府的影响等原因,情况还是会产生偏差,其结果无论对于人类长期的可持续发展还是短期的公平和安全都收效甚微。

使这种范式转变行得通还必须扩大全球机构的权力与职能。同时还应该将这些机构从地缘政治实体中分离出来,也就是在纵向的维度脱离国家中心主义。

或许我们可以对联合国的机构和运行程序进行改革,使之从一个为主权国家服务的机构转变成一个具有全球视野为整个人类利益服务的机构。为实现这一目标,可以采取的具体步骤包括:成立一个普选出来的全球议会,负责咨询整个人类利益的问题;[23]从一些跨国的全球活动中获得财政收入,如全球的航空旅行和对奢侈品征收关税;建立全球维和部队,以应对自然灾害以及以非暴力的方式处理一些人为制造的灾难。这些倡议的指导思想是想说明如何能增强全球中心的作用以为人类利益服务,同时克服国家中心主义所带来的横向和纵向的障碍。

从"现实主义"到"全球现实主义",这一观点的转变预先假设我们对政治现实的理解已经发生改变。之所以有必要紧紧抓住"现实主义"不放是因为在与安全相关的事务上还依赖相关机构掌握硬实力,同时国家与国家之间在影响政策方面还存在不平等。我这里所提倡的现实主义认为一系列力量的汇聚只能通过施加全球性的界限才能得到有效的处理,因此,它将影响到主权国家的领土独立。在某种意义上,对现实主义的重新定位并不需要放弃主权,而是提倡一种更富活力的、对全球负责的主权。这就要求政治行动者在全球决策的舞台上具备维护人类利益的决心与能力。要使这种现实主义被接受就需要以说服和协议替代强制性的威胁,同时赋予全球性的机构一定的权力,使之在未能获得某些具体国家同意的情况下,可以采取相应行动。

是否需要继续举着现实主义的大旗这个问题有待商榷。一方面,在这个世界上,国家、边界、空间分配等相互关系与现实主义对这个世界的解释是紧密联系在一起的,因此,有必要检验其对21世纪的现实是否仍然适用,从而提出一套新的解释框架。另一方面,我们似乎可以通过全盘抛弃以国家为中心的世界秩序的话语体系来达到这个目的，给我们所讨论的问题贴上新的标签。一种部分上的调整就是采纳"全球现实主义"这一术语。

应对全球危机

关于这种趋势的证据表明，与国家中心主义的世界秩序相关的工具和世界观已经不能够解决一种多维度的"限制"危机。与此同时，我们无法假设向一个以全球为中心的世界秩序的过渡与多元民主、人权是相一致的，而社会正义将会被当成是一项政治工程（或者政治项目）。理性分析和论辩不是一些已经根深蒂固的社会力量和政治习惯的对手。在这个方面，如果不在全球发动一场文化革命，我们则无从相信危机将会获得适当的解决。

超越国家中心主义：一幅消极的场景。几年之前，随着联合国作为非领土性的全球国家（non-territorial global states）的兴起，以及联盟和军事基地遍布世界各地，海军遍布每个海洋，太空被全副武装，以国家为中心的世界秩序似乎发生了部分改变。这种对全球的主导，因为"9·11"事件和小布什政府时期的新保守主义意识形态而大大强化，其目的是想实现对安全问题的全盘操控，包括能源问题。这种全球决策的集中化看起来显得"非乌托邦"（dysutopic），因为它既践踏了民族自决的权利，也将一个新自由主义的民主政府强加给整个世界。从这个意义上来看，这个帝国主义式的中央集权不太可能关心核武器和全球气候变化带来的威胁，而且，相反的是，它们更倾向于持有核武器，以及按照它们的方式促进经济增长，不管这将带来怎么样的环境危害和社会不平等。[24]

理论上来说，这种一个全球性的大国依靠一种全球主义者的手段来解决问题似乎将把情况弄得更糟糕。世界经济停滞，再加上美国在一系列的战争中不再能够通过军事优势实现它所期望的政治目的，这也弱化了美国的力图控制全局的意志和能力。因此，从实际来看，其前景看起来是在走下坡路。[25]

与此同时，（美国）不断强调必须在全球的战场上战胜对手，使用了包括无人机、网络大战等战术，这也说明以国家为中心，通过划分战区，以边界区分战争与和平的传统战争已经过时了。在这个方面，现代主义的后期，既保留了威斯特伐利亚时代以国家为中心的特点，阻碍了对全球挑战做出功能性和平等的回应，也展示出后现代主义战争的特点，因为此时的战争是没有疆界的。同时，它也鼓励各个国家尽量少控制金钱和资本的流动，但是，它也通过建造壁垒阻碍它们所不需要的人群的流动，将富国转变成扩大化的"高墙围绕起来的住宅小区"，以及通过电子手段监控边境以防止非法入境。

换句话说，以国家为中心的世界秩序在其横向和合法性方面已经出现了明显的断裂（strain），同时，在纵向和合法性可疑的国家中心地缘政治中新的极端激进主义的出现，则表明占主导地位的大国不会也不愿意按照已经发展了好几个世纪的国际法规则行事。这种代表过去的国家中心主义者和代表未来的全球主义者的相遇充满了矛盾，预设的逻辑已经无法解释。这种模式强烈地表明，就国际秩序而言，我们完全可以把当今人们所面对的现实视为一个过渡的历史时期。

过渡时期的危险与机遇

可行性的视野（Horizons of feasibility）。所谓可行性就是在目前各种政治束缚之下，哪些看起来是可以实现的。它实际上属于常规政治（normal politics）的范畴，对面临政策抉择的政治家们具有指导意义，在处理全球问题上，其与现实主义的看法基本相同。在领导者当中对可行性视野的边缘是由什么组成依然众说纷纭，以及在困难时期（比如战争之后），可行性视野的位置在哪里也是各说各话。[20]偶尔，对约束条件的错误判断会产生令人出乎意料的后果。比如，我们之前都期望在联合国的庇护之下，对气候变化的威胁将会有更富有建设性的回应，然而，实际情况却并非如此；同时，我们之前设想在正常的政治之下，国际刑事法庭（International Criminal Court）不可能成立。当然，我们可以解释这些特例，尤其在事后。国际政治生活中出乎意料的事件接踵而至，这表明社会科学的预见能力是多么的薄弱。

本文的假设是，可行性视野嵌在以国家为中心的范式当中，并且受到了质疑，不能对全球危机做出有效和充分的回应。结果是，由于该可行性视野是以主权国家的互动为基础的，在一个急剧全球化的时代它不能够保护人类的利益，不仅在经济方面如此，在文化认同方面也是如此。

必要性视野（Horizons of necessity）。和可行性视野一样，必要性视野的具体位置更难以界定。由于我们所面对的是未来的问题，而且我们缺乏强大的预见能力，对将来的设想都是猜测性的，很可能因为低估或者高估我们所面临的危险而发生错误。与此同时，当所有的科学家一致认定出现了某种险情，或者当我们必须依赖可能导致灾难性后果的武器时，我们就会出于慎重而动用所有的手段，以降低危险的程度。过去几十年的历史经验表明，正常的政治无法在降低这些危险的同时做到保持慎重、避免滥杀以及尊重未来人们的权益。

结果是，受到可行性视野压制的正常政治无法容纳必要性的视野。可行性和必要性之间的差距表明近几十年来，我们所经历的挑战与挫败已经如此之明显。我们是否有可能以一种尚可的方式弥合这一差距？我们已经认识到全球被一个国家主宰是不可接受的。从某种意义上来说，这是对全球危机的现实主义反应。但是，一些其他的办法似乎对该差距视而不见，或者在假装试图弥补这一差距的同时使危机不断加深，而没有想过如何克服这些危机。

极端主义的视野（Horizons of extremism）。由于公众面临着可行性和必要性之间的差距，他们往往容易受到那些否认我们所面临的危机程度的看法的影响，或者容易听信那些毫不相干的应对措施。比如，与环境相关的宗教权威就声称地球上所发生的一切均是上帝的意志，人类若试图改变上帝掌管下的地球注定是徒劳的。另一个例子是有人认为我们通过危险的技术创新，可以开采到地球表面深处的天然气和焦油，以此来缓解矿物能源储量的有限性带来的压力。2010年BP公司深海钻井平台的爆炸事件和2011年福岛核反应堆熔毁事故表明这些技术是多么的脆弱和不可靠。为了保持能源的供给和公司的利润，有关方面可能会信誓旦旦地说，只要技术精湛、操作谨慎就可以杜绝此类悲剧的重演。但是，我们是否真的放心将人类的未来托付给这些宗教或者世俗的保证呢？这个看起来非常愚蠢，但是如果我们局促于常规政治（normal politics），很可能宗教和技术的极端主义甚至会使我们回旋的空间越来越小。由于这个原因只有渴望的视野（horizons of desire）才有望以高效和公平的方式克服全球危机。

"渴望的视野"。在保护和促进人类利益方面，可行性和必要性之间的差距不能通过常规政治解决。如果由某个国家统一政治权利，号称管理全球的国家体系，通过这种渠道来弥合该差距，这是无法接受的。在目前政治演变的阶段，鉴于世界上各国之间存在的不平等，通过国家之间订立契约组建一个世界政府，似乎遥不可及；如果整个世界发起一场自上而下的民主化运动，辅助性原则的目标得到充分的体现，则该结果就变得可能了。欧盟的经验值得借鉴，尽管其初始的动力是自上而下的。欧洲残存的金融危机可以通过多种方式来解释，包括经济一体化超过政治一体化之后，国际机构对危机的防范能力就下降了。在这种情况下，当经济秩序出现紊乱，各国政府将会各行其是保护各自国家的利益，其结果对其他的参与者或者整个地区而言可能是灾难性的。

与此同时，对该差距不闻不问将可能在不久的将来带来灾难性的危害，以及错过可能提高世界上许多人生活质量的机会。我们只要想一想千年发展目标（Millennium Development Goals）和向15亿目前缺电的人供电的问题。很有必要想想与气候变化、核裁军、经济稳定相关的种种愿景。

然而，在目前愿景的视野里，我们可以发现什么呢？在这里，我们只能很肤浅地谈谈几种可能有希望的发展道路。可能与最近的倡议最相一致的是，一个全球性的民主运动的涌现，并获得世界上草根阶层的广泛支持。2011年该运动最先被发现和肯定，但它是否能够扎下根来并发展壮大，还有待观察。然而，它的确体现出来对全人类利益的关怀，其建议包括成立更人性化的全球性治理模式。全世界越来越多的知识分子和活动家支持《全球民主宣言》。[27]在环境、人权、性别平等以及和平等领域，涌现了更多跨国际的运动。它们的共同点是关心整个人类的利益，许多志同道合的人，不论国籍，聚集在了一起。

第二条有希望的发展方向是区域化。如果这种后威斯特伐利亚的世界秩序在国际变得显著起来，对欧盟解决其问题就极为重要了，包括纠正其目前所面临的经济一体化和政治一体化不匹配问题。[28]在拉丁美洲、非洲和亚洲，都存在着朝向区域合作和决策的明显发展。但是，这些发展是否真正超越了国家利益，而不是仅仅将区域的利益作为其利己主义的替代品使人类的利益得不到真正的体现，还有待观察。一般而言，欧盟在气候变化谈判中比其他民族国家表现得更负责任，但是尚未有证据表明，区域化发展导致了政治身份的实质性改变。

宗教则依然捉摸不定。每一种世界性的宗教都含有普世主义的成分，鼓励发扬全人类的利益。宗教很自然地符合一个没有边界的世界，尤其是大移民和大迁徙导致了许多不同宗教、不同文明背景的人的融合。宗教和种族占主导地位的地区（比如伊朗、以色列）与主权国家和政治身份的纽带的松懈是格格不入的。

另一个显著的不可知因素是一个多极的世界里许多新兴的地缘政治力量的影响：中国、印度、巴西、俄罗斯、土耳其等。[29]这些国家通过成功的贸易和投资提高其人口的生活水平、政治稳定性和国家软实力，从而也提升国家的地位。可能正是这些更软一点的地缘政治实体，更敏感地认识到需要"限度"，虽然它们不是直接回应人类的利益。反过来，这种认识使得它们更容易实现团结合作，以解决各种各样的匮乏所带来的问题。这些问题如果不从一个全球的角度来解决可能将引起人类更多的冲突并危及发展的可持续性。

结论

在全球范围实现以国家为中心的边界向全球分配的"限制"过渡是一个充满危险的过程，而根据以此带来的危机来调整世界秩序是人类社会所从未面临过的前所未有的挑战。过去的挑战曾经导致某些特定的文明的崩溃和消失，近来却导致了"失败国家"这种现象，但是失败的回音仅限于特定的空间，没有威胁到体系本身。这些过去的问题也和不能与自然力量成功共处有关，这些自然力量有些是可以控制的，有些则不可以，但是总的来说目前的危机是人类活动的产物：碳排放、人口增长、核武器与核能源、资源枯竭等。

根据渴望的视野的敕令来改造这些活动，或者满足需要的视野所提出的要求，在常规政治中都无法实现。人类的未来将取决于一种以平民主义为形式的全球民主的出现，并包含有一种普世精神，现在看起来几乎不可能实现。㉚但是，不可能的事的确发生过，黑天鹅能以多种方式让人感受到它的存在。目前的历史断裂已经超乎许多专家们的想象：柏林墙的倒塌和苏联的解体；种族主义浓厚的南非和平转变成一个多种族的宪政民主；2011年的阿拉伯起义；占领华尔街运动；等等。在这方面，缩小可能性和必要性之间的距离看起来不太可能，但是并非意味着它不会发生。

（北京大学国际关系学院博士后　陈长伟　译）

注释：

① Jacques Derrida, "Avowing the Impossible: 'Returns,' Repentance, and Reconciliation," keynote address of the conference "Irreconcilable Differences? Jacques Derrida and the Question of Religion", trans. Gil Anidjar, University of California, Santa Barbara, October 2003.

② For a positive interpretation of early human collective existence and an explanation for its later rejection see Stanley Diamond, *In Search of the Primitive: A Critique of Civilization* (New Brunswick, NJ: Transaction, 1974).

③ Plato's Republic; philosophical anarchism carries on the traditions of localized governance based on natural human communities.

④ Dante, De Monarchia; Cornelius Murphy, *Theories of World Governance: A Study in the History of Ideas* (Washington, D.C.: Catholic University of America Press, 1999).

⑤ See Grenville Clark & Louis B. Sohn, *World Peace through World Law* (Cambridge, MA: Harvard University Press, 3rd ed., 1966); for a more restrained approach to political centralization, with more emphasis on subsidiarity, see Richard Falk, *A Study of Future Worlds* (New York: Free Press, 1975).

⑥ See such World Order Models Project (WOMP) studies from diverse perspectives as Rajni Kothari, footsteps to the Future: Diagnosis of the present world order and a design for an alternative (New York: Free Press, 1975); Ali Mazrui, *World Federations of Cultures: An African Perspective* (New York: Free Press, 1976); Saul H. Mendlovitz, eds., *On the Creation of a Just World Order* (New York: Free Press, 1975); also Richard Falk, *On Humane Global Governance: Toward a New Global Politics* (Cambridge, UK Polity, 1995).

⑦ Raymond Aron, *Peace and War: A Theory of International Relations* (London: Wiedenfeld & Nicolson, 1966); H. Bull, *The Anarchical Society: A Study of Order in World Politics* (New York: Columbia University Press, 1977); George F. Kennan, *American Diplomacy 1900-1960* (New York: New American Library, 1952).

⑧ Henry Kissinger, *Diplomacy* (New York: Simon &Schuster, 1994); Machiavelli, *The Prince*.

⑨ For endorsement and critique see Michael Doyle, *Liberal Peace: Selected Essays* (New York: Routledge, 2011).

⑩ E. P. Thompson, "Notes on Exterminism, The Last Stage of Civilisation," in *Beyond the Cold War: A New Approach to the Arms Race and Nuclear Annihilation* (New York: Pantheon, 1982), 41-79; Robert Jay Lifton & Richard Falk, *Indefensible Weapons: The Political and Psychological Case against Nuclearism* (New York: Basic Books, 1982).

⑪ J. Schell, *The Fate of the Earth* (New York: Knopf, 1982); Richard Falk & David Krieger, *The Path to Zero: Dialogues on Nuclear Dangers* (Boulder, CO: Paradigm, 2012).

⑫ For alarmist assessments by informed authors see James Hansen, *Storms of My Grandchildren: The Truth about the Coming Climate Catastrophe and Our Last Chance to Save Humanity* (New York: Bloomsbury, 2009); James Lovelock, *The Revenge of Gaia: Earth's Climate Crisis & the Fate of Humanity* (New York: Basic Books, 2006); Clive Hamilton, *Requiem for a Species: Why We Resist the Truth about Climate Change* (London: Earthscan, 2010).

⑬ For a prominent example of such a normative inquiry drawing on religious, cultural, and ethical sources of guidance see Hans Kung,

Global Responsibility: In Search of a New World Ethic (New York: Continuum, 1993).

⑭ For depiction and documentation see Jared Diamond, *Survival: How Societies Choose to Fail or Succeed* (New York: Viking, 2005).

⑮ See Roger Pielke, Jr., *The Climate Fix: What scientists and politicians won't tell you about global warming* (New York: Basic Books, 2010), esp. 191–216; see also the more polemical essay by the climate skeptic Bjorn Lomborg, "Environmental Alarmism, Then and Now," *Foreign Affairs 91* (No. 4): 24–40; for devastating critique of Lomborg's deceptive methodology to dismiss climate change concerns see Howard Friel, *The Lomborg Deception: Setting the Record Straight about Global Warming* (New Haven, CT: Yale University Press, 2010).

⑯ See Hedley Bull's opposition to globalizing legal accountability in "The Grotian Conception of International Society," in Herbert Butterfield & Martin Wight, eds., *Diplomatic Investigations* (Cambridge, MA: Harvard University Press, 1968), 50-73; also Kant on moral evolution; Drucilla Cornell).

⑰ On neoliberal globalization as illustrative of capital-driven global policy see Richard Falk, *Predatory Globalization: A Critique* (Cambridge, UK: Polity, 1999).

⑱ For a sense of the deep structures of dysfunction see William Ophuls, *Plato's Revenge: Politics in the Age of Ecology* (Boston: MIT Press, 2011).

⑲ For a suggestive depiction of an emerging alternative paradigm see Richard Tarnas, *Cosmos and Psyche: Intimations of a New World View* (New York: Viking, 2006).

⑳ See reasoning of the International Court of Justice that left a tiny opening for reliance on such weaponry, and compare it with the rationale of the defense that sought to preclude all claims under all conditions. *The Legality of the Threat or Use of Nuclear Weapons, Advisory Opinion*, ICJ Reports, 1996.

㉑ See early advocacy along these lines by Robert C. Johansen, *The National Interest and the Human Interest: An Analysis of American Foreign Policy* (Princeton: Princeton University Press, 1980).

㉒ For a fuller exposition of "citizen pilgrim" see Richard Falk, *Achieving Human Rights* (New York: Routledge, 2009), 202–207.

㉓ Richard Falk & Andrew Strauss, *A Global Parliament: Essays and Articles* (Berlin: Committee for a Democratic UN, 2011).

㉔ Some non-conservative liberals have promoted such a conception, e.g. Michael Mandelbaum, *Case for Goliath: How America acts as the world's government in the twenty-first century* (New York: Public Affairs, 2005), not as a response to the global crisis but as a disseminator of positive values and sensible leadership positions.

㉕ For critique see Andrew J. Bacevic, *American Empire: The Realities and Consequences of U. S. Diplomacy* (Cambridge, MA: Harvard University Press, 2002); Chalmers Johnson, *The Sorrows of Empire Militarism, Secrecy, and the End of the Republic* (New York: Metropolitan Books, 2004).

㉖ For exposition see G. John Ikenberry, *After Victory: Institutions, strategic restraint, and the rebuilding of order after major wars* (Princeton: Princeton University Press, 2001).

㉗ For path breaking argument support of cosmopolitan democracy see Daniele Archibugi, *The Global Commonwealth of Citizens: Toward Cosmopolitan Democracy* (Princeton: Princeton University Press, 2008); text of Manifesto for a Global Democracy, <www.federalunion.org.uk/manifesto-for-a-global-democracy-27-June-2012/>.

㉘ See important study highlighting the potential positive world order contributions of regionalism by Terrence E. Paupp, *The Future of Global Relations: Crumbling Walls, Rising Regions* (New York: Palgrave, 2009).

㉙ See Philip Golub, Power, *Profit & Prestige: A History of American Imperial Expansion* (London: Pluto, 2010), esp. 125-154, on the benefits of multipolarity. This contrasts with the assumed hard power geopolitics that is anticipated in Robert Kagan, *The Return of History and the End of Dreams* (New York: Knopf, 2008).

㉚ Although see Tarnas, Note 16, for an approach that restates such a quest for humane governance on the basis of a radically different set of cultural possibilities, which imply a plausible convergence in the near future of horizons of feasibility and horizons of desire.

The Encountering, Blending and Co-existent Modal of Civilization

文明相遇、交融与共存的模式 ■ 巴 特

（S. R. Bhatt）

摘要： 对于实在与人类存在的本质和意义，存在着广泛的误解，继而产生了全球性的价值瓦解、生命尊严与本真的沦丧、伪装成真正价值的负面价值大行其道。在这一背景下，亟须建立一个共同的文化对话平台，以便从各类社会的丰富经验中获益。从"统一中的多样性"的比较视野来切入，可能存在两种方法：要么是关注共性，要么是突出差异。如果审慎地从整体角度以均衡的方式应用这两种方法，它们都是有价值和有益的。健康、正面的方法是关注潜在的共性，正是这种共性滋养了多样性，使其丰富起来。如果我们反复谈论差异性而忽略共性，就会产生矛盾和冲突，不利于共存、和平与和谐。如果重点关注相似性和会合点，就可以实现共存，促进相互间的交流与合作。

关键词： 误解；瓦解；比较视野；对话平台；促进交流

Abstract: Concerning reality and the nature and meaning of being, there have been widespread misunderstandings, and consequently this phenomenon led to the worldwide disintegration of values, the loss of life dignity and authenticity, and the boom of the faked so-called positive values. In this context, we need to build a joint platform for cultural dialogue in order to benefit from a variety of rich social experience, which can be reached in two ways from the comparative perspective of "the union of diversity": focusing on commonness and foregrounding individuality. If these two ways can be applied cautiously and holistically, they may be proved valuable and beneficial. Positively healthy approach is to focus on the potential commonness. And it is the commonness that nurtures and enriches the diversity. If we repeatedly discuss the differentiation and ignore the commonness among cultures, the consequent contradictions and conflicts will hurt the coexistence, peace and harmony of cultures. If we emphasize the similarities and convergence of different cultures, we may help to achieve the peaceful coexistence, mutual communication and cooperation among world cultures.

Key Words: misunderstanding; disintegration; comparative perspective; dialogue platform; the enhance of communication

我们强烈地感受到，当代世界的现实并不尽如人意，它充斥着暴力和其他弊病，亟须价值观念、思考模式与生活方式的范式转型。我们正在经历一个关键时期，它可能会变得极好，也可能变得很糟。而人类存在本身也正面临着多方面、多维度的危机，需要做出关键选择。在这个时代，团结与和谐的力量可能取胜，人类也可以运用科技减轻人类苦难，确保生活质量；与此同时，恐怖主义、暴力以及人性中低下的冲动也正在侵蚀着全世界。在应对当前局面时，人类的理性能力陷入了两难困境。人类为了实现获取真正知识、洞悉真实存在的理想，给予理性极大信任，然而在非理性、盲目信仰和卑劣激情（basal passions）的狂风暴雨面前，理性似乎败下阵来。因此，迫切需要探寻更深刻的、更高层次的人类资源，借此我们才能确保那些曾推动文明前进的理想和价值取得胜利。以"文明的冲突"切入讨论是不明智的，因为所有文明都具有平等的价值和效用，且在性质上是互补的。现在需要的是文明的对话、互相交流与和谐合作。

在21世纪，人类带着丰富多样的遗产奋勇前进；同时，为了世界的和平与和谐，人类仍然在不断探索新的范式，寻找新的见解和方法。因此，需要全世界的有识之士认真地"重新思考"。因为对于实在与人类存在的本质和意义，存在着广泛的误解，继而产生了全球性的价值瓦解、生命尊严与本真的沦丧、伪装成真正价值的负面价值大行其道。在这一背景下，亟须建立一个共同的文化对话平台，以便从各类社会的丰富经验中获益。

价值与文化

文化是个人进步、社会团结、国家发展以及相互合作的基础。它代表了一个国家所认可和追求的信仰、实践与价值图式（value schema）。一直以来，人类的主要关切和愿望都是探寻各种价值，以及逐步、分级、系统地实现它们。这涉及以具体社会与历史现实为基础的价值图式。此外，它还意味着存在（being）、认知（knowing）与行动（doing）三者相互依存。价值图式是多层次、多方面的，涉及多个维度，包括世俗的与超世俗的、经验的与超经验的、身体上的、生命力上的、心智上的、知识的与精神的。它既可以是个人的，也可以是社会的；它既可以是本土的、区域的，也可以是全球的。所有这些价值图式既互相有别，又不可分离，人们既可以同时追求它们，也可以依照需要、需求和处境的差异逐步追寻。价值图式包括四个阶段：目标（end）、手段（means）、方法（modalities）和实现（realization）。了解目标、恰当获取各种手段、熟练运用各种方法、合理使用所实现的结果，是理性追求价值的前提条件。这意味着要对现实处境（reality-situation）、知识领域（knowledge-field）、行动计划（action-program）、分配制度（distribution-system）进行恰当管理。印度哲学思想关心实在和人类存在的本质的统一性和多样性，尤为关注各种此类管理理论。

价值实现和文明生活意味着一种持续、全面的发展；而文化，在各个方面和所有维度上，既是这种发展的关键要素，又是实现这种发展的重要工具。文化是一种存在状态、一种思考样式、一种生活方式，同时它还是一套共享价值、信仰模式、实践与行动。它是一个复杂整体，包括知识、信仰、习俗、行为、道德、法律、人文和社会科学以及在艺术、科学和技术上的追求。它既是个人事务，又是社会事务。它是一个社会所承载的全部遗产，也是这个社会所生产和保存的物质财富与精神财富、知识财富与心灵财富的结晶。它有助于发现生活的意义，也有助于提高生活的质量。因此，它能丰富人生，扩充生命的丰盈，带来心灵的愉悦，提高人们的智力，实现完满的和平。但是，它需要人类自己来决定是努力实现这些，还是迟疑不决而失败。

文化和传统

所有文化传统都很注重利用过去的经验、他者的经验。过去是以传统的形式传到当下的，在这个意义上，传统根植于文化之中。传统是一种动态（parampara[①]）。它嵌入过去，穿过当下，流向未来。它深根于过去，稳立于当下，并且明智审慎地蕴含着未来的辉煌图景。获取、传递、调整并应用一种文化所珍视的鲜活经验及其蕴含的价值与规范，乃是一个积累的过程。传统既具有连续性，又时刻在变化。在一个良好、健康的传统中，哪些要保留下来、哪些因为过时要被摒弃，必须进行合理区分。因此，它容许自由创造和创新变革的可能。如果一种文化的重要思想、关键概念、基本信条已经僵化过时，它便无法生存和发展。因此，不断反思和反省传统是必要的，否则，它会成为个人与社会的僵死的负担。

人类存在和文化的多样性

尽管人类的思想和价值追求不存在地域上的限制、边界或障碍，但是在超越地域之外的方面，每一种文化中都有某些独一无二的东西，它们或已经成为各文化共通的，或仍是独特的。在共享的过程中，不同文化会相遇与融合，它们各自的特性会被淹没、压制，或被保留下来。每一种文化所提出和追求的价值是全球的、可普遍化的，然而提出、追求和实现它们的方式，却是非常本土化的。它们既丰富多样，令人眼花缭乱，又有着惊人的相似性。宇宙也是多元的，它具有陷入混沌的自然倾向。它既秩序井然，又杂乱无章。用吠陀梵语的表述来说，它是奇妙的（vicitra）。但是，愿意的话，人类的理性有能力把所有文化中最好的部分加以综合。

多元文化主义

自人类文明的曙光出现以来，世界文化就如同多姿多彩的织锦，因其无数华美的锦线而闪闪发光。世界的文化是多元的，种类非常丰富。它们既有一些共同之处，又有一些不同之处，既有些相似，又存在差异。如果不能恰当地理解和欣赏它们，并彻底掌握它们，人们就不应该对它们进行归纳和比较，否则，它们就不会是真实和有益的。在这一事业中，人们应该小心翼翼地避免虚假的反题（anti-thesis）和宏大僵化的比较。然而，各式各样的文化又具有广泛的相似性，这能够驱使我们去相互理解，进而要求共存互助。这些相似性既丰富了人类遗产，本身也是有价值的。在世界史上，始终存在着几种不息的思想潮流，又有新的支流不断汇入其中。多元嵌入统一之中，人类文明就如同花环一般，各色花朵形式各样、色彩斑斓，共同合成了浓郁的芬芳，就如同管弦乐团的交响乐，各种管弦乐器各自发出悦耳音调，共同演奏出悠扬的乐章。当然，其中不乏一些不和谐的音符，但是它们应该被视为失常而不是正常。所以，关键在于，多元文化主义已成定局。

印度的情况

尽管文化的相遇与融合早已十分普遍，其中，古希腊、古罗马、阿拉伯、中国和印度是最著名的，但是，我们目前只谈一谈印度的情况。印度文明是文化相遇、融合与共存的最好案例。在印度文明中，存在一种不曾间断的关于精神与物质的文化（spiritual-material culture），在人类已知的5000多年历史中，印度又与世界其他国家共享了这一独特的文化。它各式各样，仍然鲜活充满活力，而且它的多样性也源于它的统一性。如果从"统一中的多样性"的比较视野来切入的话，可能存在两种方法：要么是关注共性，要么是突出差异。如果审慎地从整体的角度以均衡的方式应用这两种方法，它们就都是有价值和有益的。健康、正面的方法是关注潜在的共性，正是这种共性滋养了多样性，使其丰富起来。而如果我们反复谈论差异性而忽略共性，就会产生矛盾和冲突，继而将不利于共存、彼此的福祉、和平与和谐。相反，如果重点关注相似性和会合点，就可以实现共存，促进相互间的交流与合作。因此，印度文化作为一个完整的整体，它的不同脉络之间相互交织，既十分对称，又和谐共生。我们应该有意识地从整体的视野去理解它们。这样，我们既可以看到差异和分歧，又能看到有机的统一性。

自古以来，印度文化的特点就是追寻两种宽泛的实在观念（views of reality）和生活方式，一种是吠陀式（vedic），一种是萨满式（shramanic）。这二者既相互共存，又彼此交叉、互相交流。它们都尽力理解现实的本质，以便改善人类的存在处境。吠陀式观念相信那些超人的超验力量一直在宇宙中存在并发挥着作用，所以它一直劝说人们在竭尽人力之时，也求助于这些力量。一切力量的终极源头被称为婆罗门以及类似同源的概念。人类心理上的虚弱助长了这一观念。另一方面，萨满传统则强调自助、自立与自律，它拒绝求助于造物主上帝或任何超越人类的能动力量。我们在阅读吠陀的和其他印度古典典籍时，常常会涉及这两种传统，之后的典籍也是如此。

萨满传统有两个主要分支：耆那教和佛教。这两个分支彼此之间相互影响；与此同时，它们又与吠陀传统相互影响。在印度，不同的思想流派都是通过两种互相交流的方式发展起来的，即论辩（vada）和对话（varta）。通俗的说法是"理越辩越明（vāde vāde jāyete tatva bodhah）"，它一直以来都是哲学思考的指导精神。从来没有一个思想流派起源于文化真空，也从来没有任何一个思想流派是在孤立或封闭的状态中发展开来的。一直以来，印度人认为，他们可以通过多种方式来接近真理、理解真理、表述真理，因此也就可以通过互相完善和补充来展开哲学思考。每一流派的哲学思想都不是依靠排外的方式发展起来的，而是通过深入的相互交流来获得发展的，因此，如果不同时精通各个主流的思想体系，那么就不可能理解印度任何一个流派的思想。各流派之间可以相互借鉴和修正、同意和反对，但肯定不会彼此无视或忽略。吠陀思想和佛教思想也不例外于这一游戏规则，而耆那教传统则扮演着两者的协调者角色。佛教曾经给出和接收过诸多尖锐又绝妙的哲学回应。佛学思想家曾近距离地接触过当时流行的观念、理论和观点，并且巧妙地捍卫了佛教的立场。当时的交流非常活跃，由此形成了很多文献，有大量的证据可以证明这一点；此外，还有很多论述与论辩和讨论的技艺（vada vidhi）有关，正是借助这些，交流才意义深远、成果丰硕。佛学思想家，甚至发展和完善了论辩模式。需要注意的一点是，所有的思想流派都是互补的。它们属于同一类种属，只是在类别上存在差异。这些差异意义重大，有着重大价值，因为它们带来了多样性，并且使其丰富起来。因此，需要重视这些差异。但是，不应该夸大这些差异。虽然这些流派彼此之间存在对立，但是并不敌对。

在本文中，我们要阐述吠陀、耆那教和佛教的传统，因为它们不仅彼此共存，而且相互丰富。由于它们是彼此交叉的，所以分开处理并不太恰当。本文将以多元化（anekantavadi）视角将以上各方统一起来。

吠陀的传统

自和平与和谐思想出现以来，人类就一直在进行着伟大的探索，这是贯穿历史的伟大图景。其中，吠陀智慧的贡献既是突出的也是令人崇敬的。它提供了思想和典范、道德价值和精神价值、信念和实践、基于对实在本质的深刻洞见之上的个人与社会行为模式。这一洞见具有普遍的感染力和内在的活力，能在历史各种逆境与莫测中延续下来，能够持续地为它的支持者和信奉者提供生命的活力。如果我们重申这些崇高的理念，敏锐的人类头脑便可进行评判并加以效仿，这必将有益于整个人类。用著名学者 F. 马克斯·缪勒（F. Max Muller）的话说，"吠陀时代对印度之后的历史产生了如此巨大的影响，每一个文学流派都与吠陀传统联系紧密；早期宗教与道德的观念深深地扎根于印度这个国家的意识之中，传统戒律规范着几乎所有印度人哪怕是最微小的个人活动和公共行动，以至于如果不了解吠陀时代遗留的知识的话，便不可能找到正确的角度，来评判印度的宗教、道德和文学"。

印度幸运地拥有着世界上最优秀的文化之一——吠陀的智慧。它既是一种对于实在完整、全面且崇高的看法，又是基于此的生活方式。它主张所有存在物无论有生命还是没有生命在根本上是统一的。每一种存在，根源上都属精神层面，并伴随着生命和人类意识而持续律动。宇宙中的万物都有同样的根源和本质。

当然，其他文化也具有并认可这些崇高的思想与高贵的习俗。好的思想与习俗只会相互补充、彼此强化，而绝不会互相排斥。因此，梨俱吠陀（Rgveda）提倡："全宇宙的高贵思想都涌来吧。"

耆那教传统

耆那教认为，实在宽广、多样且富于变化，是多面向的和多层次的。由于这一多样性，可以通过多种方式来理解实在。理解实在的方法是多样的，表达我们关于实在的经验的方法也是多样的，对于实在的不同方面也都可以有不同的理解。从这种多样性出发，不应追求思想上的一律或一致，认为某一种特定的哲学思维模式是唯一正确的，或者，仅仅因为它在逻辑上成立就认为它应当得到普世性的接受是不正确的。关键在于，真正的哲学活动必须源于观念上的民主，要坚持的只是系统性思维，通过独白、对话或多方探讨的方式做出赞赏式的分析。哲学上存在健康的分歧是必要的。有思想的头脑无须总是表达赞成，或是保持其思考方式一成不变。为了获知真理，要为讨论与辩论留有余地，但这应该是抱着追求思想上的统一的精神而不是挑起争辩的精神来进行。无论一种哲学上的立场还是一种哲学上的分歧，都必须符合逻辑、合乎理性。如前所述，在一些问题上达成一致是哲学的，而未达成一致同样也可以是哲学的。对其要求是合乎方法、合乎理性，这就是哲学思考的唯一指南。当然，在探索过程中，我们会受益于古代先知、圣人、圣徒和思想家的经验和思考，但是，他们的断言也必须要经过审慎的辨别。这是耆那教的基本信条。

多元（anekantavada）是一种动态的思想，旨在确保和解、协调、和谐与完整。它认为，观点要具有普遍性，而且不同的观点要在整体性视角下进行调整。它也是有关生命和实在的有机观点（organismic view），既考虑整体，又兼顾局部，并指向互补、合作、互信、共存，以及高于一切的终极真理和最高美德———"非暴力"（ahimsa）。多元倡导非暴力，反过来，非暴力又能保障世界的和平、进步、繁荣和完美。

佛教传统

释迦牟尼首倡用"非本质性"（anatmavada）方法来解释实在。不同于吠陀与耆那教传统的"本质本体论"（atmavada），他提出经验世界的本质是不断变化的。以此为基础，他提倡一种不同的生活方式，拒斥实在的唯一标准是持续不变这一观念。他提倡追求知识、广生怜悯之心；他的人人同一的观点、热切地为他人消除苦难的态度，跨越了种族、信仰、国家甚至是人类的所有局限。他关于普世善意、普遍依赖共存及由此带来的彼此关爱和共享的普遍责任的仁慈教诲，还有他对于友谊、同情、共喜以及无私（brahmaviharas，即为了全体而生活和工作）四种高尚普世美德的强调，所有这些都对当下的人类有着重要意义。心烦意乱的人类正在遭受精神的疲乏，在狭隘和僵化的自我中心主义、地方主义、灾难性的物质消费主义禁锢中痛苦。

必须指出的是，多年来人类一直关心和希望追求卓越（paramitas）、改善生活，远离缺陷和随缺陷而来的痛苦一直是所有人类事业的主要动机。但是，这种理想必须要有全球视野和普遍的觉醒，不能对世界上的任何一个角落带有偏见。如佛陀所言，"为多数人的幸福与福祉"（bahujana hitāya bahujanasukhāya）。要实现这一点，需要全球伦理的传播与实践。只有在这个意义上才能理解伦理规范的普遍化原则，以及对这些规范的无例外的遵循。全球理想必须是精神取向的，不应被局限于物质领域中的商业贸易自由化。伦理也必须是致力于普世福祉的、精神取向的、基于一切存在同一的开明原则之上。在现代动荡时期，佛教伦理倡导一个新的价值图式，即关爱、顾及所有人。文化复兴的开端已经到来，佛陀的教诲可以发挥至关重要的作用。无论从预防还是治愈的角度，佛教就是作为问题解决之道而出现的。佛教的真理与这个时代紧密相连、意义非凡，在新的千年里，它会带来普遍和平、繁荣与幸福。这些真理应当成为我们进行生态思考与行为的指路明灯。如果我们要为生态教育制定一个生态教学大纲（eco-syllabus），一定要以佛教为基础，才是有意义的、有效果的和实际的。文化复兴的时期已经到来，在我们的观念和生活方式的范式转移中，佛陀的教诲将会发挥关键作用。以此为旗帜，革新跨文化交流，不仅能帮助和促进相互理解、相互同情与共感，也将巩固我们共同的精神资源。它将使我们能够以精神的、全面的、整体的视角，来对抗分裂的与二维的世界观。

结论

在当前这个时间节点上，人类正在穿越动荡，并同时面临着多样式、多维度的危机。价值腐蚀、道德沦丧，各种各样的剥削带来了紧张、冲突和苦难。除此之外，全球化也推动了善于运用理性的人类不断探求新的人生哲学。随着全球社会的形成，我们彼此交流观念和理想、文化和传统、宗教信仰和道德规范，越发需要一种相互依存的、跨文化对话的全球伦理，从而建立适宜的新型人际关系。

（罗轶轩　译）

注释：

①传统（parampara），这一概念强调诸领域内知识代际传递的连续性。——译者注

China with the Tradition of "the Whole World as One Community"

"天下为公"的中国

——在儒家、马克思主义与民主之间

■ 卜松山

（Karl-Heinz Pohl）

摘要：儒家思想传统将政治思想与个人的道德修养和教育结合起来。这意味着负责公共事务的人应当通过修身做出杰出的道德行为，展现出社会责任感。这群知识分子由于参与到国家管理当中，所以对政府没有产生对立态度，而是对民众承担起了一种家长式的照顾职能。如今的变化是，中国在数十年之内经历了欧洲各国几个世纪的发展过程。因此，中国并没有固定于静止的儒家模式。在过去的一百五十余年里，中西思想之间出现了出人意料的跨文化融合。这意味着中国的价值体系已度过与西方的对抗阶段。中国有可能发展出自己的政治形式，进一步将中国与西方元素融合起来。无论如何，解决传统与现代的紧张关系的能力将在相当程度上决定中国未来的命运。

关键词：儒家传统；修德；尽职；变革；独特政治形式

Abstract: Confucianism has a tradition of combining political ideology, personal moral cultivation and education. It means that those who are in charge of public affairs should discipline themselves, make themselves moral models and act out their sense of social responsibility. As intellectuals, those people were able to participate in the state administration, and thus didn't take an opposite position against the government. Instead, they took a parental responsibility for caring the public. Nowadays, China is undergoing a huge change, which took European countries a few centuries to achieve. Therefore, there is no rigid Confucianism in China. In the past 150 years or more, there has been a surprisingly trans-cultural fusion between Chinese and western culture. China may develop her own political pattern to further integrate Chinese and western cultural elements together. In any case, the capability of solving the tension between tradition and modernity will decide the future destiny of China to a great extent.

Key Words: Confucianism tradition; cultivating one's moral character; fulfilling one's duty, reformation; special politics pattern

在很长一段时间里，儒家学说对于中国有着重要影响，这类似于基督教教义之于欧洲。因此，虽然儒家思想并不是宗教且与基督教的历史发展不同，但在功能上可以与基督教信仰等量齐观：儒家价值观对中国（以及东亚）已经产生了两千多年的深刻且持久的影响。

然而，应当注意到这个类比中的一些重要区别。虽然儒家也宣称其教诲具有普世性，但与基督教相比，它缺乏热切的传教精神。相反，它是作为一种杰出的关于和谐的社会与道德秩序的学说传播到东亚其他地区的。在17和18世纪，欧洲启蒙哲学以理性和科学的名义，对基督教信仰发起了挑战并最终实现了"祛魅"（马克斯·韦伯语），在这一世俗化的过程中，先是产生了政教分离，最终导致了教会的边缘化。中国从来没有发生过类似的世俗化进程，但这并不意味着儒家思想作为主导意识形态没有受到过批评。众所周知，在"新文化运动"时期（约1917年至1923年），从社会达尔文主义的角度出发，人们把中国传统社会的一切弊病都算到儒家思想的头上，让它为中国经济、技术、军事和政治发展的落后负责。虽然儒家思想遭到了批评，且就像基督教一样某些方面的确如此，但它也并没有像基督教那样经历一个世俗化过程，这是因为儒家思想作为一种社会和政治伦理，素来都是一种世俗的思考方式。

儒家思想没有基督教的超自然的、奇迹的和传奇的成分（这些让现代人尤其难以接受），而它作为一种价值体系，在中国大陆多次反传统运动中仍幸存了下来。因此，尽管作为一种制度的儒家随着帝制中国的结束而消亡（这一点不同于基督教的教会），但在一定程度上，作为后儒家思想的儒家思想塑造了且仍在塑造着中国社会的伦理基础。

本文将更多讨论儒家思想的政治作用而非其伦理作用，虽然如下面将表明的，这两个方面是不能截然分开的：个人的与社会的伦理同政治意涵结合，成为一个不可分割的整体。因此，在下面的内容中，儒家思想将被视为一种政治思想传统，首先讨论其源生的主要概念如"人本思想""仁政""和""大同"等，随后，将讨论其与马克思主义和民主的关系。最后一节将以迈克尔·桑德尔（Michael Sandel）的《民主的不满》一书作为对照，审视中国政治的特点。

前现代的儒家对中国的国家是怎样理解的？正如在西方我们仍然精研古希腊和古罗马经典以寻找政治思想上的指导，古典中国的经典（儒家的"四书五经"）作为一种"公共哲学"是如何讨论社会秩序的？时至今日，这些经典的后世影响又是什么？

在儒家经典的许多段落中，早期中国的君主显然是以其统治是为人民谋求福祉才脱颖而出的。因而，我们在《尚书》中可以读到：

> 皇祖有训：民可近，不可下。民惟邦本，本固邦宁。（《尚书·五子之歌》）①

> 惟天地万物父母……元后作民父母。（《尚书·泰誓》）②

> 惟天惠民……天视自我民视，天听自我民听。（《尚书·泰誓》）③

人们认为统治者通过"天命"获得其统治王国的资格，而重点在于，天命是反映在人民的意志中的。④ 这种政治思想传统被称为"民本思想"。它起源于上面引用的《尚书》中的文字以及孟子（约公元前4至前3世纪）的作品，孟子是早期民本思想的主要倡导者。

在孟子看来，人民的地位是国家中最为重要的。因此他说：

> 民为贵，社稷次之，君为轻。（《孟子·尽心下》）⑤

这段文字甚至具有某种革命的意味（因此它时常被某些专制君主从经典中剔除）。而其他文字则更直接地涉及上天授予的统治资格（通过人民的意志反映出来）是可以中止的。当被问到商朝的终结和周朝的建立时，孟子明确表示商丧失统治是因为不行仁政。在孟子看来，商朝最后的君主被杀是正当的，因为这位君主并没有做一名人民的真正的君主应做的：他不过是一个"独夫"，可以被杀掉。⑥

在这一语境下，孟子提出了著名的两种统治方式的区别：霸道与王道。

> 以力假仁者霸……以德行仁者王……（《孟子·公孙丑下》）⑦

因此，霸道之"道"代表了不仁、残酷的统治，而孟子的理想是以人民福祉为依归的"仁政"。

人们常常会说儒家思想作为一个政治思想学派是有局限性的，因为它将个人家族的利益置于所有人的利益之上。虽然通观历史，可能发现社会现实就是如此，但孟子下面这段文字却清楚地表明，儒家的伦理主张超越了家族：

> 老吾老，以及人之老；幼吾幼，以及人之幼。天下可运于掌。（《孟子·梁惠王上》）⑧

在这里，我们看到"仁"这一美德应当延伸至所有人，而不只是家族。因此，在儒家伦理思想当中当然是有普世性观点的。

另一个具有高度政治意义的更进一步的观念是"和"。和谐具有一种特殊的功能，因为儒家的社会秩序的基础不是平等，而是明确的等级观念。人们接受作为一种自然现象的不平等，因为人类生来就处于一种显而易见的不平等状态中：孩子们要学会接受父母的权威，而在中国的情景下，父母终其一生都保有这种权威。由于国家的秩序被视为家族秩序的类推，"和"就成为纾解家族和社会中的不平等的机制，共识与和谐由此为社会整合提供了资源。

"和"是重要的短篇经典《中庸》的核心主题，此书的标题是纲领性的，一名君子的主要目标就是追求"中庸之道"，这也是政府应追求的。此外，"和"也位于这一段重要文献的句首：

> 中也者，天下之大本也；和也者，天下之达道也。致中和，天地位焉，万物育焉。（《礼记·中庸》）⑨

一个有意思的现象是，作为皇帝办公场所的北京皇宫的三个主要大殿，其名称中都有"和"——"太和殿""中和殿""保和殿"，这突出表现了这一概念在前现代中国的重要性。

因此，不足为奇的是，在当今中国的政治当中，这一概念仍旧保持了它的极端重要性。孔子的一句话似乎在当下尤其流行："和而不同。"⑩这句话在

《论语》的语境下指的是真君子的品质：他能够与他人融洽地相处却在原则上不妥协。这句话（存在多种译法，如"harmony in differences" "harmony and not uniformity" "unity but diversity"等）在今天甚至被视为中国"软实力"的象征，它被用于处理国际政治和冲突，接近于另一句名言"求同存异"。

儒家思想传统将政治思想与个人的道德修养和教育结合起来。在实践中，这意味着负责公共事务的人应当通过修身做出杰出的道德行为，展现出社会责任感（所谓"内圣外王"，内心是一位圣人，外在则是一名圣君）。简而言之，这就是《大学》这部短篇经典著作的政治意涵，即要将道德教化与政治统一起来（"政教合一"）。这一传统的目标不仅在于要产生统治者，而且是让统治精英们培育美德，成为供普通百姓效仿的榜样。因此，不同于西方传统中被广泛讨论的从公民立场出发的公共美德或公民美德，儒家传统强调的是统治阶级的（个人）美德。因此，儒家可以被看作是一个主张道德教化的学派，其目的是"增进善"[11]，在统治阶级中尤其如是，当然在人民中亦如是。

在中国政治思想史上，有一段文本的重要性是不断增加的，在中国通向现代性的道路上尤为如此，这即是《礼记》中题为"礼运"的一章。它以"大同"的形式提出了一个原始社会主义社会的图景，这被认为存在于伟大的古典时期，彼时人们仍然在践行"大道"。这也凸显出儒家更愿意将领导权或职位授予最有能力的人[12]——与此相反，中国政治史上则是实行权力的世袭制度。

> 大道之行也，天下为公。选贤与能，讲信修睦，故人不独亲其亲，不独子其子，使老有所终，壮有所用，幼有所长，鳏寡孤独废疾者皆有所养。……是故谋闭而不兴，盗窃乱贼而不作，故外户而不闭，是谓大同。（《礼记·礼运》）[13]

中国古人非常清楚，这样一个"大同社会"乃是一个难以实现的乌托邦图景，于是文字继续道：

> 今大道既隐，天下为家，各亲其亲，各子其子，货力为己，大人世及以为礼，城郭沟池以为固，礼义以为纪；以正君臣，以笃父子，以睦兄弟，以和夫妇，以设制度，以立田里，以贤勇知，以功为己，故谋用是作，而兵由此起。禹、汤、文、武、成王、周公，由此其选也。……著有过，刑仁讲让，示民有常。……是谓小康。（《礼记·礼运》）[14]

所谓"天下为家"（相对于"天下为公"），指的就是中国历史上权力的世袭制度。在整个历史上，这些文字都为人们带来了相当多的灵感，对于中国近代的知识分子尤其如此："大同"的图景激励着改革者康有为（1858—1927）写下了他最宝贵的著作之一《大同书》，他也提出了一种"原始社会主义"图景，可以被看作是类似于"共产主义"的社会。毛泽东曾仰慕康有为的思想。孙中山（1866—1925）也认为它意义重大，因此它不仅刻在南京的中山陵，而且还出现在许多海外华人居住区的拱门上，如在波士顿的唐人街就有一个。此外，不同于相当具有乌托邦色彩的"大同"，"小康"作为一个可以达成的历史阶段成为邓小平（1904—1997）政治纲领的关键词之一。因此，我们看到，中国的现代性政治目标的提出仍旧与儒家经典有着明确的关联。

从以上论述中我们已经得出了一些关于儒家国家和儒家政治的结论。就社会思想而言，西方的主流观点是自主的个体能够通过社会契约处理彼此相互冲突的权利和利益。而在中国的传统中，社会被认为是家族的扩展，在社会和家族中，"不和"被认为是有害的，会导致分裂和最终的"乱"。儒家学者认为人类关系中的诸如责任、义务、忠诚、权威、地位、互信和互惠等价值，只有首先产生在家族之中才有意义，他们所致力的目标在于使得类似于家族的社群尽可能地和谐共处。在政治上，"仁政"（根据孟子的看法[15]）应当是儒生竭力争取的目标，为了实现仁，"志士仁人"甚至应当牺牲自己的生命[16]。作为"信赖社群"（杜维明语）的一员，在这一使命中由他本人的"仁"延展出的首要政治"美德"就是"忧患意识"，或者是伟大的唐代诗人杜甫所谓的"忧国忧民"。对宋代著名学者范仲淹（989—1052）来说则是"以天下为己任"，他将传统儒家的精神气质凝结为一句格言："先天下之忧而忧，后天下之乐而乐。"[17]

在历史进程中，这些特点导致了一种由官府考试进行选拔的精英政治，而这启发了法国和德国的启蒙哲学家（与欧洲的贵族和神职人员的统治形成了鲜明对比）。但从现代民主制度标准看，这种具有等级结构的统治形式有其严重的缺陷（包括它本身具有的根深蒂固的严重的形式主义问题，自清朝就有思想家指出过）。即便如此，儒家思想指导下的政府目标就是要由一群饱学之士通过道德楷模和共识——通过"中庸之道"——进行统治，以达成共同善和一个和谐的社会秩序。这群知识分子精英由于参与到国家的管理当中，所以对于政府没有产生对立态度，而是对民众承担起了一种家长式的照顾职能。因此，我们发现，在前现代中国实行统治的是一群道德精英，他们将自身看作是普通人的代表，这样一来，人民自己的政治参与问题就根本不是问题。

最终，西方社会中的各种社会契约理论以及个体（公民）与国家（政府）之间存在对立的观念——出现得很晚，约在启蒙运动和法国大革命时期——引出了公共领域观念，公民或知识分子可以独立地、批判性地与国家对立。而儒家传统中的知识分子却始终在政府内服务，而同时他也应该成为不道德行为的忠诚批评者，这一态度仍旧在中国和其他东亚社会中鲜活地存在着。因此，用墨子刻（Thomas Metzger）的术语说，我们看到在中国存在一种"自上而下"的社会组织形式，与西方的（就吻合民主理想而言）意识形态上正确的"自下而上"的版本正好相反。[18]当然，这些特殊的关于道德与政治统一、"自上而下"的社会文化资源在中国或者东亚的未来政治发展中是否仍然有着重要的作用，依然是尚无定论的可能性。[19]

时至今日常常被忽视的一点是，在西方对中国政治状况的评估中，一直缺乏历史和文化维度。而正是这两个条件使得自由主义式的民主在我们这半球得以成功。反过来，这也意味着在后儒家的社会主义中国，儒家政治和社会认识的基本要素仍得以保留。因此，总体言之，我们可以说，由于上述提到的儒家政治文化的历史，中国的特点在很大程度上仍是共识一致、等级/地位和诸种具体关系，而与之相反，我们的国家是在冲突（即竞选活动、劳动纠纷等等）、平等理念和诸启蒙价值的基础上运转的。

当然，这种基本的文化模式不能用一种非历史的或本质主义的方式来固定。中国也在发生变化。目前，我们看到中国在数十年之内，经历了欧洲各国几个世纪的发展过程——更不用说中国遭遇了殖民主义、帝国主义的灾难。因此，中国并没有固定于一个静止的儒家模式，反而在过去的一百五十余年里，中西思想之间出现了相当出人意料的跨文化融合。这意味着中国的价值体系已经度过了与西方的对抗阶段，已经相应地发生了变化。早在20世纪的"新文化运动"期间，人们就渴求民主与科学。但是，清醒地意识到西方在国际关系中的双重标准（如《凡尔赛条约》中对中国诉求的处理）之后，马克思主义从西方被接纳进来，原因在于其反对帝国主义的导向被认为是最先进的。

作为欧洲启蒙运动的产物，马克思主义通常被认为有三个来源：英国的政治经济学、法国的共和主义和德国的唯心主义哲学。我以为，它并不是一种哲学，而是一种经济和社会政治理论，它批评资本主义的发展（批判基于财产权的主体性和自利性的个人），并分析阶级斗争在经济制度变革中的作用。正如马克思所言："哲学家们只是用不同的方式解释世界，而问题在于改变世界。"

进一步的复杂变化极大地发展了马克思主义，特别是在中国的发展，产生了毛泽东思想和中国特色的马克思主义。今天它是中国的官方意识形态和话语体系。接受儒家教育的近代中国知识分子也因为两种学说之间有很多相似之处而被马克思主义所吸引：例如"民本"这一儒家基本价值取向和毛泽东"为人民服务"的口号，儒家思想中的"天下为公"与"communism"的中译"共产主义"。另外应当指出的是，儒家思想中存在着相对于"私"的、对"公"的强调，这一点在宋代的理学家（11世纪至13世纪）那里尤为明显。另一个例子则是一份中国共产主义运动早期的重要文本，刘少奇（1898—1969）1939年写于延安的《论共产党员的修养》[20]。这本书将儒家的道德要求（修身）与马克思主义的目标调和了起来。尽管存在差异，但所有这些还是表明两者之间存在相似性。在某种程度上，两种学说都是实践性的和社会导向的，都对超自然或者宗教性缺乏兴趣，它们可以说是"公民宗教"。[21]

对于那些在今天希望重提儒家思想的重要性的人来说，问题在于它该如何与政治相适应。过去，儒生们遵从道德修养是服务社群之先决条件这一箴言（内圣外王，即公共和个人美德的一致），致力于为国家效力。而今天关于这一议题产生了意见分歧。作为儒家思想最重要的辩护者之一的杜维明，强调的是儒家思想中最重要的（却长期被忽视的）一些精神特质，认为中国历史上儒家思想和政治的结合是不好的（类似于欧洲历史上基督教与政治的关系）。但是其他人例如蒋庆，则明确地追求一种政治儒学（见他的《政治儒学——当代儒学的转向、特质与发展》，三联书店，2003年），他的观点得到诸如清华大学的贝淡宁等人的支持。

最后，关于民主。首先要承认的是，民主作为一种统治形式（尽管形式多样），如今已经获得了普遍的甚至规范性的意涵。[22]然而，在跨文化语境下，历史与文化根源也起着重要的作用。虽然民主不是基督教的产物，但是它源自西方世界的（基于古希腊罗马传统的）美国和法国的革命。由于基督教的存在，民主在西方已经有了一个具有普遍主义主张的稳固的意识形态基础。而除制度性的权力分立之外，西方民主的运转基于某些特定的文化条件：平等的观念（起初是上帝面前，后来是法律面前人人平等）、无涉语境的法律的有效性（法治）以及不以共识一致而通过非暴力冲突（选举及伴随的竞选运动）形式进行治理，政府权力也由此获得合法性。因此，民主是西方政治文化中历史性地生发出的核心组成部分。

至于儒家思想与民主之间的关系，我们可以说，由于儒家思想强调人民的意志（民本思想），儒家思想肯定能够与民主相容。早在1958年，近代主要的儒家思想家唐君毅、牟宗三、张君劢、徐复观[23]所起草的著名的《为中国文化敬告世界人士宣言》就强调了这一点。另外，在林肯著名的"葛底斯堡演说"中提到过民主的三个主要特征（民有、民治、民享）中，儒家传统至少强调其中的"民享"。孙中山在他的"三民主义"中也强调"民生主义"，这是他的三个主义中的第三个，常常被译为"为了人民的政府"。

而中国的民主经验具体是什么呢？它在1911年革命之后建立起来的时候没有发挥作用，有许多原因。有意思的是，试图将西方政治思想改造以符合中国情境的孙中山,在1905年规定要至少是临时地建立"训政"体制,而这又是与中国的"贤能政治"一脉相承的。从那时起还产生了一个延续至今的"政治协商"的传统。

成功的民主国家会从各自的不同传统中汲取支持,也会得到不断成长的渴望参与政治的中产阶级的支持。西方的如美国的经验或模式,可以作为中国走向民主的蓝图吗?

在这一点上,让我们向一本书寻求指引,它曾对关于民主的讨论有过重大影响,即迈克尔·桑德尔的《民主的不满:美国在寻求一种公共哲学》(Democracy's Discontent: America in Search of a Puhlic Philosophy)。在某方面,这本书(已经翻译成中文)是他的名著《自由主义与正义的局限》(Liberalism and the Limits of Justice,1982年)一书的延续,后者引发了著名的自由主义与社群主义的争论。在这里总结一下它的要旨就足够了。桑德尔指出,特定的美国民主经验是介于公民共和主义和基于权利的自由主义之间的一种紧张。在桑德尔看来,美国并非基于自由主义,而是建立在公民共和主义原则之上。他所谓的公民共和主义(大约是社群主义的同义词),意味着一种"与同胞公民讨论共同利益、共同塑造政治共同体命运"的态度。[24]公民共和主义的目标是社区自治——在早期美国的历史中,很多农业社区都是如此,它涉及独立的公民参与、公民美德的培育、对经济正义的探求等,它的基础是亚里士多德对公民共和美德的理解——有效公民身份所必需的品格。事实上,桑德尔是在提出一种对于美国民主发展的社群主义批评,因为他认为美国的政治是在从共和主义发展为自由主义。他将这种后果称为"程序共和国(procedural republic)"。

桑德尔对自由主义的批判和与公民共和主义(为此有必要培育公共美德或公民美德)的阐述为儒家

基于美德的政府观念产生了丰富的共鸣。[25]关于自治,中国过去有这样一些想法,例如上文引用过的谈到"大同"时代的《礼记》中的著名段落,以及陶渊明(365—427)的《桃花源记》。类似对理想社会的图景的描述直到今天都对中国文化有很大的影响。[26]

抛开美国内部关于桑德尔著作的讨论[都收在《争辩"民主的不满":美国政治、法律和公共哲学论文集》(Debating Democracy's Discontent: Essays on American Politics, Law, and Public Philosophy)[27]中]不谈,我们是基于一种美国式的叙事来阅读桑德尔著作的,很显然,我们得到的是一个非常具体的美国模式。它基于独特的美国历史和政治经验,是从欧洲人定居原住民栖居的美洲大陆、殖民地早期英属北美地区接受和施行奴隶制讲起的。[28]

根据桑德尔书中的观点,美国的经验似乎是一种独特的经验;因此,美国经验同欧洲的政治历史和记载有大量不同是毫不意外的。正如桑德尔所言:"美国……从来不是一个欧洲意义上的民族国家。"[29]我们是否可以追问:那么非欧洲的社会,例如中国,又如何呢?

回到中国最近的一些发展情况,俞可平在他广受赞誉的著作《民主是个好东西》中为中国的民主进行了充分论证。一方面,中国地方人大运行中(存在相对"独立"的候选人)是含有选举的;另一方面还存在一种党内"民主",对将权力授予"最有能力者"进行控制。这里我们或许能看到一种对儒家理想的遵循,这在中国历史上的儒家王朝中从未实现。我们也能看到在发展中的非政府组织。但有趣的是,即使俞可平也并不要求中国照搬西方民主,而是呼唤一种符合中国实际的民主——有中国特色的民主。

因此,设想未来中国会出现中国自己的"民主"体系并非不切实际,它会适应中国标准、有典型的中国面孔、面向中国文化特色、利用它自身的文化资源

（"小康""大同""民本""贤能政治""自上而下的公民社会""政治协商"等等）。这一点甚至可以与毛泽东的中国化的马克思主义（以及很久之前的中国化的佛教）相类比。毕竟，在中国（不同于西方），其他领域如人口控制、能源、机动化等也在追求自主发展。如果中国要按照"西方"标准使用能源、拥有个人机动交通工具、有不受控制的生育权，将会产生怎样的全球后果？

在这里，我们或许能够发现美国经验对于民主在中国的生发具有特定的意义：政治制度是本地的、历史的背景的独特发展，这同样适用于中国。如桑德尔所言："丧失叙事的能力相当于对人类主体性的终极剥夺，因为没有叙事能力，现在与过去之间就没有连续性，因此也就没有任何责任可言，因此也没有可能集体行动起来自我治理。"[30]也许中国民主发展的长远目标会是一种"左派"的儒家思想，或是一种儒家思想、马克思主义与民主的混合。中国似乎正在找到自己的政治进程，有针对性地适应其特殊的地理和历史情况。需要记住的是，这不仅仅是一个国家，而是一个大陆，有着13亿人口，从我们的标准看这是一种难以置信的庞大，还伴随着各种各样的问题。还要考虑到中国有西方殖民主义历史（鸦片战争）、它自己的文化传统（儒家和道家）。中国知识分子在过去一百五十余年里一直都在追求中国政治的独立发展。但同时，其目标在于对中西元素做恰当的调适。

因此，儒家思想是一个丰富的积极的文化资源。

然而，儒家传统中总是存在着理想与现实之间的冲突，这是"真实存在的"儒家思想的问题。现实很少符合理想（欧洲历史同样如此）。因此，从20世纪的"新文化运动"开始，对儒家的批判是中国现代化的主流叙事。如前所述，批评在许多方面都可能是对的。但在激烈地批判过传统之后，问题出现了：完全抛弃所有传统的伦理和政治资源是否明智？因此，一百年后，再次将对儒家传统的探求应用于中国当前的问题，或许是有意义的。毕竟，还有一些传统的冲突对今天仍旧是有意义的：

是"天下为公"，还是"天下为家"？换句话说，是实现人民的福祉为先，还是实现少数人的福祉为先？这涉及中国广泛存在的腐败问题。

是"以天下为己任"，还是只以自己的国家为己任？这不仅涉及民族主义和国际关系，也涉及全球生态目标和气候变化等问题。

如此等等。

总而言之，我们可以说，对于一个有13亿庞大人口、有大量与之相关难题的国家来说，如果中国能够更多地遵循其传统伦理资源，或者更为务实地、谨慎地实现重建或拓展现有的、面向善治的贤能政治（即实现"仁政"和法治），当前"中国模式"的前景一定不会差。继而中国有可能发展出自己的政治形式，从而睿智地进一步将中国与西方元素融合起来。无论如何，解决传统与现代的紧张关系的能力将在相当程度上决定中国未来的命运。

注释：

① "Songs of the Five Sons", http://ctext.org/shang-shu/songs-of-the-five-songs.
② "Great Declaration", http://ctext.org/shang-shu/great-declaration-i.
③ "Great Declaration", http://ctext.org/shang-shu/great-declaration-ii.
④ 为了了解人民的意志，皇帝会在人民中收集民谣（作为方法之一）。由于好的统治要在上天和社会秩序的和谐同一中证明自身，一切不寻常的特别是有害的自然现象（例如地震、日食等等）会被

视为皇帝统治失当的证据。在这里为了简化和突出要旨,儒家、道家和法家之间的复杂互动(在汉代尤其突出)被略去了。特别是法家,人们常常认为前现代的中国就政治而言是"外儒内法"的。

⑤ Mencius, 7B. 14., http://ctext.org/mengzi/jin-xin-ii.

⑥ Mencius, 1B. 8. 在这一语境下,中文中出现了与"revolution"对应的"革命",表示"天命的改变"。

⑦ Mencius, 2A. 3.

⑧ Mencius, 1A. 7.

⑨ Zhongyong, ch. 1., http://ctext.org/liji/zhong-yong.

⑩ Analects, 13. 23. See Qing Cao, Hailong Tian, Paul Chilton, *Discourse, Politics and Media in Contemporary China*, John Benjamins Publishing Company, 2014, p. 184.

⑪ 这一点类似于亚里士多德的观点,迈克尔·桑德尔在他的一个讲座中提及过:"好公民",https://www.youtube.com/watch?v=MuiazbyOSqQ。

⑫ 这种授予最有能力者权力的移交方式据说只在伟大的古典时期的圣君尧、舜、禹之间发生过。

⑬ Transl. Burton Watson (with modifications); Wm. Theodore de Bary and Irene Bloom (eds), *Sources of Chinese Tradition,* Vol. I (From Earliest Times to 1600), New York: Columbia U Press, 1999, p. 343.

⑭ 同上。

⑮ Mencius, 3A. 3.

⑯ Analects, 15. 8.

⑰ 范仲淹:《岳阳楼记》。

⑱ 关于中国的不同的社会组织形式,见 Philip C. C. Huang, "'Public Sphere' / 'Civil Society' in China? The Third Realm Between State and Society", *Modern China*, Vol. 19, 1993, pp. 216–240. 关于"自上而下"和"自下而上"两种模式的分别,见 Thomas Metzger, "The Western Concept of the Civil Society in the Context of Chinese History", http://www.hoover.stanford.edu/publications/he/21/a.html。

⑲ 参见贝淡宁描述的中国民主发展的有趣图景,Daniel A. Bell, "Democracy with Chinese Characteristics: A Political Proposal for the Post-Communist Era", *Philosophy East and West*, pp. 451–493。

⑳ 标题的英译为"How to be a Good Communist", https://www.marxists.org/reference/archive/liu-shaoqi/1939/how-to-be/ch01.htm。

㉑ Raymond Aron, *The Opium of the Intellectuals*, London: Secker & Warburg, 1957.

㉒ 规范性造成的压力似乎非常大,以至于最近都要用炸弹进一步推进民主事业,见 Stephen Kinzer, *Overthrow: America's Century of Regime Change from Hawaii to Iraq*, Henty Holt & Co, 2006。

㉓ "A Manifesto for a Re-Appraisal of Sinology and Reconstruction of Chinese Culture"(《为中国文化敬告世界人士宣言》), http://www.hackettpublishing.com/.

㉔ Michael J. Sandel, *Democracy's Discontent: America in Search of a Public Philosophy*, Cambridge, Mass, 1996, p. 5.

㉕ 关于儒家思想与社群主义之间的对比,见 Karl-Heinz Pohl, "Communitarianism and Confucianism—In Search of Common Moral Ground", *Chinese Thought in a Global Context: A Dialogue Between Chinese and Western Philosophical Approaches*, Leiden: Brill, 1999, pp. 262–286。

㉖ 毛泽东也在他的诗中引用过这个故事,见他1959年的诗《七律·登庐山》。

㉗ Anita L. Allen, Milton C. Regan Jr (eds), Oxford University Press, 1998 (prominent participants were: R. Rorty, R. Sennett, Ch. Taylor, M. Walzer, A. Etzioni). 例如其中的一种批评是,传统的公民美德不适用于当代的美国;另外,自治是以美国农业社群为模型的,即质疑其对于现代都市生活的适用性。

㉘ 此书讨论了大量的美国历史,有趣的是它并没有涉及对新世界的血腥征服。好像欧洲移民发现了一个空的不存在原住民的大陆。此书很大程度上讨论的是正义与道德问题,但关于美洲征服和原住民命运的道德和合法性问题是其盲点。不过,这种历史的短视或许是贯穿于美国短暂历史的、关于其政治历史的自我理解的本质部分。

㉙ Sandel, *Democracy's Discontent*, p. 346.

㉚ Sandel, *Democracy's Discontent*, p. 351.

Chinese Farming Culture Moving Forward with the Age

与时偕行的中国农耕文化①

■ 罗志田

摘要：自从农耕文化被否定后，以"人定胜天"精神改造自然得到充分提倡。这一精神当然给人类带来很多正面的回馈，但也导致了一些"战胜自然"的过分举动。人类历史悠久，有文字也已好几千年。我们拥有这长期积累，只要把历史视为思想资源而不是精神负担，就应该有足够的智慧在人类经验基础上对各类文明取长补短，产生出一种相对均衡、人与人和人与自然都能长期和谐共处的取向。从这点看，农耕文化对自然资源和人类能力有限性的认识，不仅应认真反思，也的确是可以汲取的重要思想资源。我们也许在"与天斗"的路上走得太远，如今恐怕不能不比从前更敬天，适当收敛对自然的进攻，与天和谐共处，才有希望获致天人的双赢。

关键词：农耕文明；顺应自然；思想资源；反思；天人合一

Abstract: Since the farming culture was denied, the spirit of "man's inevitable conquest over nature" is fully advocated in the efforts of remaking nature. Of course, the spirit brought us much positive feedback, but also led to excessive acts in the name of "beating nature". With the long-term accumulation of experience in history and the right stance to take history as thought resources instead of spiritual burden, we are supposed to have enough wisdom to absorb strengths from other civilizations and overcome our weaknesses, to reach a balance and finally the long-term harmonious co-existence of "man and man" and "man and nature". In this term, farming culture should go beyond its limited cognition about nature resource and human ability, and make itself a source for us to reflect on and take in. We may have gone too far on the road of "fighting against nature", and are forced to respect nature more than ever. Only by appropriately weakening our attack on nature and cherishing the mutual harmony, can man achieve the win-win relationship of man and nature.

Key Words: farming culture; conforming to nature; thought resources; reflect; the oneness of nature and man

从很早以来，至少从有文字到大约数十年前，中国基本是个以农业为主的社会。或可以说，农耕文化就是中国传统社会的主流文化。从全人类和长时段的角度看，到目前为止，中国对世界最大的贡献，可能还是农耕文化时代产生的基本思想。目前正处于发展中的工商业文化，似尚未形成什么足以称道的贡献。而中国的农耕文化，颇有其独特的地方。自然与人生息息相关，就是中国农耕文化的一个基本观念，到今天也还有启发性。

一、时间与变易

中国古人对时间的认识，与西方相当不同，与我们现在的认知也很不同。对中国古人而言，时间不必是一个目的明确、可计量的从起点到终点的线性走向（在近代西方进化论兴起之后，又增添了越来越进步的含义），其本质在于变易，是一种持续的存在，所谓"时乃天道"（《尚书·大禹谟》）。在此持续的存在之中，没有一个最后的终点，反而是"终则有始"，即四时在变化中周而复始，终点不过是一个新的起点。②

如《易经》"恒"卦之象辞所说："天地之道，恒久而不已也。'利有攸往'，终则有始也。"苏东坡解释说："物未有穷而不变者。故'恒'非能执一而不变，能及其未穷而变尔。穷而后变，则有变之形；及其未穷而变，则无变之名；此其所以为'恒'也。"而"利有攸往"，就是"欲及其未穷也。夫能及其未穷而往，则终始相受，如环之无端"（此处及以下苏东坡语均出自《东坡易传》卷四）。正因时间是一种持续的存在，故对其计量是为了方便，而不必是出于其本质。

在常人眼里，四时循环是常规的天象。《逸周书·周月》说："凡四时成岁，有春夏秋冬。"而"万物春生，夏长，秋收，冬藏，天地之正，四时之极，不易之道"。这是古人通过观察自然现象得出的结论。时虽有序有常，也可能"无常"。唯在变易的通则之上，"无常"也是"常"。所以苏东坡在解释"恒"卦的象辞之"雷、风，恒。君子以立不易方"时说："雷、风，非天地之常用也；而天地之化所以无常者，以有雷、风也。故君子法之，以能变为恒；'立不易方'，而其道运矣。"

简言之，四时循环是建立在"变"的基础之上，即变化是比循环更基本的准则。因此，周而复始的循环并不是简单的重复，"终则有始"说的是终点之后一个新的开始；四时仍是四时，但春夏秋冬却是新的春夏秋冬。近代中国人接受进化论之后，对这类貌似循环论的观念并未给予足够的重视，其实里面有相当深邃的道理，还需要进一步探索。

古人关于时间和变易的基本论述，最集中地表现在《易经》一书之中。王弼所说"卦者，时也；爻者，适时之变者也"（《周易略例》），既是对《易经》基本精神的简明概括，也最能表现古人对于自然的态度。那有序而常变的"时"，是中国文化的一个核心观念。在充分承认天道以变为恒而四时有序的背景下，人的行为就应当"与时偕行"，既不失时也不逾时，尽可能"与四时合其序"（《乾·文言》），同时也要"适时之变"。

对古人而言，天人是相通的。把观察到的天象描述出来，一个重要的目的是要辨析其与人世的关联。故"恒"卦的象辞又说："日月得天而能久照，四时变化而能久成。圣人久于其道，而天下化成。"苏东坡进而解释说，"照"的虽是日月，"运之者天也"。以"日月之运、四时之变"来说明"恒久不已之道"，是"明其未穷而变"。故"寒暑之际，人安之。如待其穷而后变，则生物无类矣"。圣人"观其所恒，而天下万物之情可见矣"。

二、天道与人世

中国传统的一个主要特点，是敬天，但以人为本，不一定尊崇一位绝对全能之神。换言之，"道"或真理，不必来自超人世的上帝，这是中国文化一个极其关键的特色。在这样的社会里，如果略作理想型的表述，天和人之间永远是互通的。所以，从天子到庶人，其所作所为都要因时、顺时、随时，而且还要随地。《礼记·月令》所谓"毋变天之道，毋绝地之理，毋乱人之纪"，大致即我们今日常说的随时随地（后面还要说）。

中国农耕文化的一个核心，是认识到并明确承认自然资源和人的能力都是有限的，主张温饱层面的"寡欲"，在此基础上实行仁义，而并不非常强调"开发"，反而把很多这类行为视为（个体或群体的）人"多欲"的表现。在承认人在面对自然时能力有限的基础上，古人又充分认识到人的潜能是相当强大的（不论性善性恶）。人一旦"多欲"，采取进攻性的举措，触及的方面可能是很多的，在态度上甚或可以说是无限多的，包括自然，也包括人本身，最后可能危及人类与自然的和谐共处。

人可以在遵循自然规律的基础上利用自然，而不是反过来站在自然的对立面去榨取甚至破坏自然。所有人，包括帝王在内，其行为可以有相当的自由度，但以不超越自然为限度。因此，中国古代特别警惕"人主"的"多欲"，因为那会影响到整个社会。③

由于天与人是相通的，君主被视为天之子（但这与西方的君权神授观念有很大区别，因为"道"或真理不必来自超人世的上帝）；他在人间代替天执行天道；但天道是否真正得到贯彻，却表现在老百姓方面，所以说"天视自我民视，天听自我民听"（《孟子》引《尚书·泰誓》）。君主了解民视民听的一个方式是"采风"，即通过搜集各地的民歌民谣了解民间的喜怒哀乐，也由此知道自己的统治是否仍代表着"天命"。

经过孔子诠释的夏商周"三代"，被推崇为黄金般的理想社会。正因为天道是"终则有始"，所以理想社会可以在远古的"三代"，但需要改善的却是当下的人生。历代士人都以做"天下士"为目标，他们的关怀必须广及"天人之际"，而其始终想要澄清的"天下"，仍是这凡俗的人世——要让"三代"的秩序重现于当世，变无道的社会为有道的社会。

三、对土地和农耕的尊重

在一个农业文明中，文化不能没有根，且必须扎根于土地之中。文化与土地的关联，是农耕文化的一个基础。传统农耕文化另一个主要特点是安土重迁，即大部分的人家居耕织，日出而作，日落而息。安土重迁不是不外出，而是有分工。最基本的分工，即所谓"男耕女织"。女子基本不外出，至少不鼓励其外出（女权主义者可能看作歧视，但也未必不是出于善意，譬如对弱者的保护）；男子可以有外面的事业，但也有"父母在，不远游"的考虑。

实际的现象是，男性中并不真正务农的一部分常常外出：商人追逐什一之利，当然频繁外出；当兵也是"事业"之一途，可能远到边塞，但不受鼓励（贵族时代除外，那既是义务也是特权）；在很长的时间里，读书做官被视为"上进"的正途，多数人是在乡间读书，然后到今日所谓城市为官。做官之人或候缺或丁忧或告老，多半要还乡；军人亦然。商人多是只身外出，家人仍定居，往往还在家乡置地以为保障，甚或借此转变身份。

在尊重土地的基础上，发展出对农耕特有的尊重。从西周开始的礼制，天子亲耕籍田（藉田）、后妃亲蚕，成为一种必需的象征性仪式。到宋代苏东坡还曾描述"苍龙挂阙农祥正，父老相呼看藉田"（苏轼《元祐三年春贴子词·皇帝阁》之四）的热闹。天子亲耕的仪式虽然只是一个象征，但对农耕的特殊尊重，已表达得非常清楚。

如果进一步进行"劳心"和"劳力"的区分，则劳心者或许可实行"代耕"的方式。孟子就注意到并承认经济对人的支配性影响，但认为"读书"这一方式可能提高人的自主能力，改变人对经济的依赖性。所以一般人是无恒产即无恒心，唯有士可以"无恒产而有恒心"（《孟子·梁惠王上》）。他进而提出，如果士君子能使国家"安富尊荣"、人民"孝弟忠信"，则即使"不耕而食"，也不算尸位素餐（《孟子·尽心上》）。

仔细体会孟子的意思，只有那些学养高到可以超越经济支配的人，并对国家、人民有具体的贡献，才可以享受"不耕而食"的特例。对无恒产则无恒心的一般人而言，当然就应"耕而食"才对。所以他明言，"士之仕也，犹农夫之耕也"（《孟子·滕文公下》）。这一对应的比拟，清楚地表明"仕"不过是一种"代耕"；孟子的整个立论，仍建立在重"耕"尊"耕"的基础之上。沿着这一思路，后来衍伸出"笔耕""舌耕"一类的表述，反映着很多实际"不耕而食"者对"耕"的尊重。

进而言之，"仕"既是士人的责任和义务，也是其追求的目标，却不必是士之常态；大部分读书人毋宁说长期处于一个为出仕而持续准备的过程之中。天子尚且要亲耕，读书人自不能疏离于耕作和土地。《汉书·艺文志》所谓"古之学者耕且养"，是一个简明的概括。到后来，象征着与土地关联的"耕读"，成为中国一个持续了至少两千年的核心观念。

耕读也是四民之首的"士"赖以维持其身份认同的一个基本象征。如身历清末废科举的山西举人刘大鹏，自诩其家"以耕读为业，不耕则糊口不足，不读则礼仪不知"。这恐怕更多是一种理想型的表述，刘家上一代主要经济收入就来自他在外经商的父亲，刘大鹏自己入仕不成，也不得不像大多数未能做官的读书人一样以"舌耕"为生，出任塾师，后来更长期经营小煤窑，但终以"老农"这一自定身份认同度过余生，以维持耕读之家的最后一点象征。[④]与刘大鹏相类，很多读书人实际不"耕"，或不怎么"耕"，但仍要维持这一认同，以示未曾疏离于土地和农耕行为。

劳动的分类和分工是人类一个非常重要的创造，在此基础上，中国古人进一步发展出一种本末的区分，即以农为本，以工商为末。这样的观念，一直持续到19世纪。此后随着"物质的兴起"[⑤]，又出现几乎相反的倾向——农业人口向往城市、离村进城，成为20世纪的持续现象。至少很多经济学家和社会学家现在仍致力于乡村的城市化，要让农民进城。

四、体会重农抑商的思路

最迟大约在汉代，中国人已经在思考西欧中世纪晚期或近代早期思考的那些基本问题，得出的结论却不同。假如套用西方"生产"和"分配"的概念，近代西方人的结论似偏于前者，而早年的中国人则偏于后者，即在充分承认物质有限并且不侧重开发的基础上，特别重视"分配"，最典型的表述就是"不患寡而患不均"的思想。因此，中国古代所谓重农抑商，既是一个基本的倾向，也是农业社会的习惯思维。

古代本有"工贾食官"（《国语·晋语四》）的传统，如孟子所说，"古之为市也，以其所有易其所无者，有司者治之"（《孟子·公孙丑下》）。因此，工匠贾人多近于官奴，身份很低贱。而工贾之事也是鄙事、贱事，贵族既不愿参与，大概也不能参与。秦汉时诏令律条中常将贾人与罪人、赘婿等同列，作为卑贱而国家可征发的社群，就是上述传统的遗存。

但春秋战国本是礼崩乐坏的时代，贵族体制的崩溃带来思想和行为的解放，使一些商贾有很大的发展，甚至可以身居相位。而孔子也可以用"吾少也贱，故多能鄙事"（《论语·子罕》）来解释其超过一般人的能力（这里当然有谦逊，但若世风不变，这样的谦逊恐怕说不出口）。不过，以农为本、以商为末的思想，在周秦诸子之中仍相当普遍。

古人并非不知道"用贫求富，农不如工，工不如商，刺绣文不如倚市门"。但这更多是特指以"末业"为"贫者之资"（《史记·货殖列传》），略近于今日所谓"脱贫"。且其所言有男女的分工，最后半句是指女性，"倚市门"明显指谓着鄙贱之事。古人善用对偶表述，这里非常含蓄地暗指男性中的经商者类同于女性之"倚市门"者。岂止是富而不尊，简直就是虽富却贱。

也就是说，贫寒者可以借"末业"致富，若立志要成为国家栋梁的，就不宜如此了。汉初"天下已平，高祖乃令贾人不得衣丝乘车，重租税，以困辱之。孝惠、高后时，为天下初定，复弛商贾之律，然市井之子孙亦不得仕宦为吏"（《史记·平准书》）。这是历史上有名的"抑商"政策，但对商的"抑制"并不是全面的，而仅是相对的，即并不阻碍商人发财甚或发大财，但不能不限制商家在其他方面的发展。

在生产力并未充分发展时（如上所述，古人本不主张"发展"得太充分），把社会资源进行有区隔的分配，特别是将名、利、权三者进行大致明晰的分梳，使各有所得，是古人充满智慧的处理方式。类似的措置长期得到贯彻，但也不是一刀切，仍能关注特殊区域的行业特色。如清代商人之家在科举方面受到不少限制，但也有专门分配给工商业地区的科举名额，四川的犍为就是其一；在这些地区，商人子弟所受限制就无意义了。

对商的警惕的确是农耕文化的一个重要成分。古人一方面充分了解并承认商的本质是求利，即使唯利是图，或也不算违背其"职业道德"；在此基础上，更注意到与商相关的思想行为扩充到其他领域可能产生的重大影响。故以发财为目的之商业作为是可以允许的，其行为模式和思想风尚却须受到限制，不得推广。

这一顾虑是有理由的，至少就当年的社会伦理而言，商业行为模式有可能带来毁灭性的影响。不论是国家还是社会，不仅要算经济账，也要考虑其他方面的轻重缓急。这一点，也算是成功商人的吕不韦请人编成一部《吕氏春秋》，其中就说得非常清楚：

> 古先圣王之所以导其民者，先务于农。民农非徒为地利也，贵其志也。民农则朴，朴则易用，易用则边境安，主位尊。民农则重，重则少私义，少私义则公法立，力专一。民农则其产复，其产复则重徙，重徙则死处而无二虑。舍本而事末则不令，不令则不可以守，不可以战。民舍本而事末，则其产约，其产约则轻迁徙，轻迁徙，则国家有患，皆有远志，无有居心。民舍本而事末则好智，好智则多诈，多诈则巧法令，以是为非，以非为是。
>
> （《吕氏春秋·上农》）

安土重迁与农耕的紧密关联，在这里反映得相当明晰。其中既有今日所谓经济的考虑，也有昔人特别看重的文化因素——落叶就要归根，"死处"是那个时代的人最关切的问题之一，可直接影响其行为。当然，这些具体思考都建立在农耕社会的基础之上，不一定能推广到其他社会，但其思路很清楚，就是农业和商业各有其附载的行为模式和思想风尚，不能仅从直接获"利"多少的物质角度来计算，还要考虑今日所谓社会和政治的成本与后果。

很多年后，蔡元培仍以类似的理念来办大学。他主张区别"学"与"术"，即文、理是"学"，法、商、医、工则为"术"。两者在学理上"虽关系至为密切"，却"有性质之差别"。教学上也应予区分，即"大学专设文、理二科，其法、医、农、工、商五科"则独立出去。因为大学要"研究高深学问"，而后者的培养目标则是让生徒"学成任事"。两方面"习之者旨趣不同"，对学风有实际的影响。各科兼设的结果，使本应致力于研究高深学问的"文、理诸生亦渐渍于法、商各科之陋习"，会造成全校风气的转变。[6] 蔡先生的主张虽未被后来的校长所采纳，但其思路却与早年重农抑商的想法相近似。

五、平心反思农耕文明

由于近代中国翻天覆地的变化，百多年来，传统本身成为一个不那么正面的负担，农耕文化也因此受到一些影响。人们说到农耕文化，如果不加以贬斥，也往往带一点抱歉的意味。在这样的氛围下，对于中国的农耕文化，愿意进行深入研究的人不多。已有的论述并不少，但能形成共识，可作为进一步探讨基础的见解，似乎也不多。

反过来，随着农耕文化受到强烈的冲击，更衍生出许多"非农"甚至"反农"的观念和言论，迄今仍较流行，甚或越来越流行。有些观念反映出非常丰富的想象力，如前些时候出现的"毒奶粉"，就被有的学者归咎于农业文明，说成是中国商业文明发展不充分的表现。在一个社会上，发生了在几千年的农耕文化期间不曾发生的事，常规的思维似乎应该反思生产和生活方式发生了什么变化，以及这些社会变化与新的社会行为之间是否有什么关联，等等。但一些学者几乎恰好是反其道而言之。关键是这样说的好像还不是一两人，有些在本专业是很不错的学者，也非常诚恳地相信这一点（我朋友中就有这样的人）。

这个现象非常值得反思。"毒奶粉"不过一例，今日还有大量制贩假药等伤天害理的行为，都是历史上前所未有的。如果遵循《吕氏春秋》和蔡元培的思路，出现这类现象，更可能是在发展非农业经济的同时，改变了与农耕文化相伴随的行为方式，即商业文明的好处还没学到，却已把农业文明的优点抛弃了。

近代形成的反传统思路有一个特点，国家或社会出了问题，却并不像后来所说那样"各自多作自我批评"，而是先把责任推给古人或传统文化。农耕文化之所以会成为非农耕文化行为的替罪羊，既体现出这类推卸责任的反传统思路已成为某种惯性思维，也说明我们对农耕文化的了解已经非常不足了。

现在我们常常听到农业文明/文化、工业文明/文化和商业文明/文化的这类说法，我不知道人类文明或文化是否的确可以这样划分。假如可以这样划分的话，这些文化各自如何界定、如何区隔，估计也难有定见。不过，有西哲说过，凡是存在的都是合理的。既然有不少人这样说，可以假设这样的分类有其道理。

对这些文明或文化，个人无意在其间作什么价值判断。人类的历史太悠久，有文字以后也已经好几千年，我们生活在这长期积累之后，只要把历史视为思想资源而不是精神负担，就应该有足够的智慧在人类经验的基础上对各类文明取长补短，产生出一种相对均衡、人与人和人与自然都能长期和谐共处的取向来。从这个意义上看，农耕文化对自然资源和人类能力有限性的认识，不仅应认真反思，也的确是可以汲取的重要思想资源。

六、致力于天人的双赢

近年的经济发展在很多方面提高了我们的生活品质，也改变了我们的日常生活习惯，与农耕文化渐行渐远。如"随时随地"在今日是一个常用词，其本义却有着非常意味深长的哲理。朱熹曾发挥程颐"君子顺时"的观念说，所谓"顺时"，要达到"如影之随形"的程度。"夏葛冬裘，饥食渴饮，岂有一毫人为加乎其间哉？随时而已。时至自从，而自不可须臾离也。"学者若不能认识到这一点，则"时食而饮、时葛而裘，毫厘之差，其应皆忒，则将以何为道？"（《朱文公

文集·答范伯崇书》清刊本，卷三十九）

时间如此，空间亦然。安土重迁的原则，或也可以反映在饮食行为上。用今天的话说，吃东西最好"随时随地"，而不宜"逆时逆地"（后者可以当作"尝鲜"，却不必经常吃）。而我们这些城里人已经越来越习惯于吃反季节、远距离的蔬菜水果，越来越提倡假日外出活动以代替家居休息，同时又越来越愿意生活在不受四季影响而冬暖夏凉的室内。

这些都是朱子所说的"人为"因素，除室内的冬暖夏凉的确更舒适也显得更"必要"外，其余多是温饱之余的补充。这些不过是最近才"形成"的生活习惯，若按农耕文化的标准看，都是违背自然常规的，也离"道"日远。

我自己就很愿意享受冬暖夏凉的科技成果，当然无意提倡返回更原始的生活方式。问题是：侧重温饱之余的生活方式是否能够普及？可以持续多久？更基本的问题是：地球给人类准备了那么多资源吗？现在各国都在致力于物质层面的现代化，尚未现代化的正努力赶超，已经现代化的还想更上层楼。

人多远虑，然后可以少近忧。我有个外国朋友就在忧虑，地球的资源是否能让60亿人都过现在欧美"发达国家"所过的生活？就算答案是肯定的，我们的人口还在与日俱增，地球迟早会不堪重负；若人口增长超过我们开发太空资源的速度，人类总要面临不得不改变生活方式的难题。

自从农耕文化被否定后，以"人定胜天"的精神改造自然得到充分提倡。这一精神当然给人类带来很多正面的回馈，但也已导致了一些"战胜自然"的过分举动。有一首歌很乐观地唱道："我们都有一个家，名字叫中国。兄弟姐妹都很多，景色也不错。家里盘着两条龙，是长江与黄河。……"然而如今黄河时常断流，长江也已被污染到水质激变。家里盘着的两条龙都出了大问题，这个局面还不够可怕吗？我们也许在"与天斗"的路上已经走得够远了。如今恐怕不能不比从前更敬天，适当收敛对自然的进攻精神，与天和谐共处，庶几获致天人的双赢。

注释：

①此所谓中国农耕文化，仅大体言之，基本上是今日言族群者所谓"汉地"（亦伸缩波动）的农耕文化而已。此一限定，承北京大学哲学系沙宗平教授提示。
②关于时间的中西认知，承施耐德（Axel Schneider）教授提示。
③不能"多欲"的取向至少在对外政策方面得到了较长时期的贯彻，包括文化上的不输出和不扩充。古代行为准则的一个要点即《礼记·曲礼》所谓"礼闻来学，不闻往教"。孟子对学生的态度是"往者不追，来者不拒"，要学生主动向学才施教。这一准则同样适用于夷夏关系。何休注《公羊传》，即把"躬自厚而薄责于人"这个与人相处的伦理准则延伸到对外关系上："故略外也，王者不治夷狄。录戎者，来者勿拒，去者勿追。"与孟子对学生的态度相类，故有视夷狄为未学之人的意思，门户对其开放而并不勉强其入学。在"修文德以来之"的大方向下，对于倾慕华夏文化的夷狄固表欣赏且予鼓励，亦可向之传播华夏学问。若夷狄本身无"变夏"的愿望，华夏一方似无要努力使其"变夏"的责任感和使命感（如清代就禁止向不友善的夷狄输出中国文化）。说详罗志田：《夷夏之辨的开放与封闭》，《中国文化》第14期（1996年12月）。
④说详罗志田：《科举制的废除与四民社会的解体——一个内地乡绅眼中的近代社会变迁》，《清华学报》（新竹）新25卷4期（1995年12月，实印于1997年4月）。
⑤参见罗志田：《物质的兴起：20世纪中国文化的一个倾向》，《开放时代》2001年3月号。
⑥参见蔡元培：《就任北京大学校长之演说词》《大学改制之事实及理由》《读周春岳君〈大学改制之商榷〉》，《蔡元培全集》第3卷，高平叔编，中华书局，1984年，第5、130—131、149—150页。

Cold War and Ideological Conflicts

冷战与意识形态的冲突

——"周以德与新中国"的个案研究

■ 高艳丽

摘要：意识形态对美国外交政策特别是对华政策的深刻影响，在冷战期间尤为明显。无论是"不承认"还是"遏制"与"孤立"政策，其背后都有意识形态在作祟。美国国会议员周以德对于新中国的强硬态度就是个典型案例。就周以德而言，其意识形态的基础正是虔诚的基督教信仰和美国的核心价值观，这不仅影响和决定了周以德毕生的理念、行为和政治立场，同时也塑造了周以德的中国观及美国国家利益观。以意识形态概念对"周以德与新中国"的个案讨论生动而细致地表明，意识形态对于美国对华政策深层理念及冷战时期中美关系的影响。以周以德为个案的研究表明，中美关系的健康发展需要超越意识形态的差异或分歧，不应将此当成两国正常交往的束缚或障碍。

关键词：周以德（Walter H. Judd）；意识形态；基督教在华传教士；中美关系

Abstract: The profound influence of ideology on US foreign policy, especially toward China, has been apparent in the Cold War. Behind the policies of "nonrecognition", "suppression" and "isolation" is the hand of ideology. The US senator Walter H. Judd is a typical case in his tough attitude to the People's Republic of China. His ideology is based on devout faith on Christianity and American core values, which not only affected and decided his lifelong ideas, behaviors and political position, but also shaped his views of China and American national interest. This case study of "Walter H. Judd and the People's Republic of China" from ideological perspective vividly demonstrates the ideological impacts on the deep-leveled notion concerning the US foreign policy to China and the Sino-US relationship in Cold War. The research shows that to achieve the healthy development of the

Sino-US relationship, both sides should transcend the divergence and differentiation of ideology to eliminate the hindrance of normal communication between the two countries.

Key Words: Walter H. Judd; ideology; the Christian missionary in China; the Sino-US relationship

一、意识形态与外交

意识形态在文化交流和外交政策的制定过程中起着举足轻重的作用，这一点在美国的对外政策中尤显突出。从美国建国以来，许多美国精英和民众都相信美国模式的普遍性，他们试图用美国的标准来衡量和评判其他国家的政府。学者们趋向认为美国的外交政策是由现实国家利益和意识形态共同驱动的；而在冷战期间，意识形态对美国外交决策的驱动和影响往往超过了对国家现实利益的考虑。正如基辛格（Henry Kissinger）所说："在美国有着理想主义的传统，总是把外交看作是善恶之争"[1]，并且"美国的政治历程是信仰高于经验"[2]。亨廷顿（Samuel P. Huntington）也多次强调，意识形态和宗教是构成美国人国家认同的核心要素，新教是美国文化区别于其他文化的关键，只有强化宗教，才能强化美国文化，才能挽救美国国家认同的危机。[3]

美国历史学家方纳（Eric Foner）在《自由土地、自由劳动、自由人：内战前共和党的意识形态》一书中把意识形态定义为"一个社会群体、阶层、政党或地区拥有的信仰、价值观、焦虑、偏见、印象和承诺等价值体系。总而言之，它是一种社会意识（social consciousness）"，是一个同时包括了"信仰、价值观、焦虑、偏见、反思和意愿的思想体系"。[4]方纳认为，意识形态的一个很重要的方面就是"如何看待自己和自己的价值观与整体社会的关系"。[5]在方纳的语境中，意识形态是复杂的，它所"代表的远远不只是使物质利益方便地合理化"。[6]它还存在于人们的意识和潜意识中。针对美国内战的起因，方纳提出了隐藏在当时美国南北经济体制和政治冲突背后的"意识形态"，并通过对这个"意识形态"内涵的具体讨论，重新界定了美国内战的性质。正如王希教授指出，方纳的工作突显了"意识形态"在美国历史发展中的重要地位和强大影响。[7]但是什么是真正的美国精神与文化？美国的核心价值观何在？王希认为，方纳的回答与其导师霍夫斯达特（R. Hofstadter）所代表的美国历史学的"共识"史观是不尽相同的。"共识"学派基本上认为，美国建立了一套具有自身特色的核心价值观，并以自己的特殊历史经历，铸造了为全体美国人所欣赏的民族性格。霍夫斯达特力图证明，美国历史上存在着一种能够超越差别的价值共识，而方纳则试图说明，如果这种共识存在的话，它应该是而且必须是政治异见和思想分歧通过权力斗争的结果。[8]

而关于意识形态与美国的外交政策之关系的研究一直都受到现实主义史学家和进步主义史学家的忽视。1987年，韩德（Michael H. Hunt）最具代表性的著作《意识形态与美国外交政策》的问世，为研究美国的外交政策提供了一个较新视角。虽然韩德在书中并没有直接给意识形态一个具体的定义，但是他强调应该从文化的角度，而非单纯的政治或经济的角度来分析美国的外交政策。他认为，美国的非正式意识形态（自我形象、价值观、世界观等）对其外交政策的影响远比明确的、正式的、公式化了的意识形态的影响更强大。存在于集体潜意识中的意识形态有着"共识的基础"。⑨韩德指出,美国外交政策的形成过程中,意识形态的影响有三个因素:一是美国的"大国情结",推动美国的对外扩张和传教运动;⑩二是美国的"种族优越"观念,倾向于将世界民众划为不同的等级;⑪三是美国对19、20世纪其他国家激进革命的敌视。⑫韩德追溯和分析了美国意识形态中的这三大要素的根源以及对20世纪美国外交思想的影响,为相关研究奠定了一个基础。

台湾地区学者关中认为,美国是"世界上宗教性最强的国家,(基督教文化)为美国意识形态的基础,也是美国理想主义和道德主义的根源"。⑬在美国,"自由的精神和宗教的精神是共存共荣的"。⑭清教徒的宗教观深深地影响了美国民族的形成,在思想意识上成为美国文化的"灵魂"。⑮而每次政策目标调整的过程中,"意识形态均扮演了关键性的角色"。⑯

大陆学者近些年来也开始关注意识形态对美国对华政策的影响。王立新教授在《意识形态与美国外交政策》一书中对意识形态内涵的界定、特征和功能有清晰的阐释,对美国对外关系中的意识形态,尤其是自由主义和民族主义的特点、影响和具体体现做了深入研究,并对威尔逊、杜鲁门和克林顿政府的对华政策进行了具体分析。书中认为,意识形态对外交政策的实质性影响,不仅表现在意识形态可以塑造决策者对国家利益的看法和对外政策理念,还在于意识形态本身可能就是一个国家对外政策要捍卫的利益和追求的目标。他认为,意识形态是一套完整的"认知体系（cognitive system）、价值体系（value system）和信仰体系（belief system）"。⑰

可见,从狭义上讲,意识形态是指一套系统的、逻辑的、完整的价值观、信仰、思想方法、观念和行为原则,但广义而言,意识形态其实也包含潜意识、情感、习俗、阅历、社会环境等"非正式"因素。一般来说,意识形态的主体是指某一阶级、政党或领袖,但实际上,每一个人都有自己的意识形态,个人的行为、立场显然都受自身意识形态的影响。个人意识形态的形成显然受到信仰、教育、家庭、经历、生活体验、个人思考等多方面影响,同时也必然受到一个国家或民族长期历史发展所形成的传统核心价值观的影响。这一点正如李剑鸣所指出的那样:美国历史中的一些核心价值理念,如自由,并非单纯是抽象、思辨的概念,而是一种存在于美国各阶层人们意识中的根深蒂固的观念,是一种深入到潜意识层面的情结,"而这些观念之所以能深刻影响美国历史进程,也正是由于它深入到大众意识中,成为一种不证自明的真理,一种检验人间行为的合理性的天然尺度"。⑱

无论中外学者对意识形态的界定有何差异,我们仍可以看出,一套完整的信仰体系和价值观正是意识形态的核心。而意识形态也是构成美国国家认同、民族认同、精神文化认同的重要因素。就美国的外交政策而言,意识形态决定了美国人怎样看世界、美国人期望在国际事务中扮演什么样的角色。对中国人而言,不了解美国的意识形态就无法解释其外交政策背后的深层理念。意识形态对于美国外交政策的具体影响,往往在美国国会议员们的身上表现得尤为明显和强烈。介入对华外交至深的著名众议员周以德（Walter Henry Judd, 1898—1994）就是一个典型。

二、周以德及其意识形态

（一）周以德与中国的渊源

周以德是一个在中美关系史上具有特殊影响的宗教与政治人物。抗日战争以前,他曾两次来华传教行医（1925—1931,南京、福建邵武；1934—1938,山西汾州）。1938年,他主管的山西汾州的教会医院被日军侵占，不得不返回美国。周以德对中国一直怀有深厚的感情。从 1938 年至 1941 年间，他自费在美国 46 个州发表了 1400 多场演讲，反对美国孤立主义，反对美国与日本的贸易往来，并积极、正面地向美国人介绍中国。1942 年 11 月，他当选为国会众议员。在此后二十年间的议员生涯中，他一直被认为是美国国会中的头号"中国通"和美国的中国"代言人"。[19]他与包括蒋介石在内的国民党政要关系密切，在抗日、援华等一系列中国事务上发挥了特殊的作用。在国民党人眼中，他是"中国挚友"；[20]而在中共人士看来，他却是"中国人民之敌"。[21]周以德与中国的关系可谓是跌宕起伏，充满了恩恩怨怨。

周以德不仅与中国有长期的渊源，而且在美国政坛也长期扮演重要角色。在 1943 年至 1963 年长达二十年间，周以德担任美国国会共和党籍众议员，对国会通过《废除排华法案》《援华法案》和《台湾决议案》等起了很大推动作用。他与美国前后九任总统，从富兰克林·罗斯福到里根，都有不同程度的交往，尤其与艾森豪威尔总统和国务卿杜勒斯交往甚密，并对艾森豪威尔政府的对华政策产生了一定影响。他曾任 1957 年联合国大会的代表（Delegate to the General Assembly of the United Nations in 1957），是共和党 1960 年 7 月 25 日全国代表大会的主旨发言人，还是艾森豪威尔和尼克松竞选总统时曾经考虑过的副总统候选人。根据 1962 年美国《士绅录》（Redbook）的调查，周以德被公认为是国会中最有影响的五位议员之一。[22]周以德还一直是"院外援华集团"（China Lobby）和百万人委员会（the Committee of One Million）的核心人物，并曾长期担任自由中国委员会主席（the Committee for a Free China）。1981 年，里根总统授予他美国文官（非军人）最高荣誉："总统自由奖章"（the Presidential Medal of Freedom）。

根据对《人民日报》的检索，在 1947—1962 年间（基本上是周以德担任美国国会众议院外交委员会委员期间），《人民日报》提及"周以德"的文章 31 篇，几乎均为公开的点名批判，用语也较为尖刻，如："中国人民之敌""最反动、最无耻的猪仔议员""歇斯底里""声名狼藉""臭名昭著"等。在相对长的一段时期内，作为一名美国众议员，周以德如此频繁地被中共中央机关报严厉指责批评，实属罕见。可见，在中共眼中，周以德也一直是中华人民共和国一个重要的"意识形态"对手。[23]

（二）周以德的意识形态

那么，周以德的意识形态又是什么呢？作为一个虔诚的基督徒，周以德具有强烈的清教徒精神和"上帝选民"的使命感，他笃信上帝的存在，笃信上帝的爱超越国家、地区、民族和肤色；他认为基督徒有使命和道义将上帝的福音传播于世界，基督徒要聆听上帝的召唤，按照耶稣的教诲奉献社会和服务民众；他坚信任何极权专制主义势力都是有违基督精神的撒旦或魔鬼，都是对理想的"自由世界"的毁灭，所以应该坚决予以遏制；他相信在造物主面前，人人生而平等，彼此之间应该相互关爱，不应该为狭隘的私利而放弃帮助兄弟姐妹的义务和责任，因为每一个人都是上帝的孩子；他宣称任何无神论的思想观念或制度都是与基督教信仰水火不容并无法调和的，基督徒不应该与之妥协而应战斗到底；他坚持正义与邪恶是黑白分明的二元论，非友即敌，没有中间路线，基督徒应该爱憎分明、从善如流、疾恶如仇；他主张美国不应该与"不道义"的、"不合法"的或"邪恶"的政权合作共事。

作为一个对美国核心价值观充满优越感的美国白人，周以德坚信美国的"天定命运"（Manifest Destiny），认为美国是"上帝的选民"，是照亮世界的"山巅之城"和"希望之地"，美国的宪政体制是全世界的榜样和典范；他相信，在新教传统的指引下，美国义不容辞地负有领导、示范和服务世界的责任；他声称自由、民主、人权等信念是美国核心价值观的体现，也是全人类共同追求的普世原则；他主张，任何时候，美国不应该放弃自己长期坚守的信念、传统和原则；他认为美国的核心价值观也是美国最根本的国家利益所在。

可以说，这些内涵是周以德个人意识形态的基础，同时也是美国传统外交的理想目标。意识形态这一范式将有助于我们深刻洞察周以德滔滔不绝的雄辩、侃侃而谈的演讲和针锋相对的辩论背后的信仰、价值、激情、感性乃至焦虑等深层次的内涵，如方纳所言，"意识形态涉及的是最根本的价值观，人们总是被其生动和夸张的语言而迷惑，而缺少理性或冷静的分析"。[24]

三、周以德与新中国

（一）政治不承认

从1947年到1963年，周以德一直担任美国国会众议院外交委员会委员，在中国事务上非常活跃和有影响力。早在中华人民共和国正式宣布成立之前，周以德就已经开始高度紧张地关注美国政府是否承认新中国的问题。据当时的一份文件报道，1949年6月15日，美国驻华大使司徒雷登（John Leighton Stuart）曾在燕京大学上海校友会上透露，"一旦中共政府成立，我希望说服美国政府给予承认"。[25]周以德对这位美国大使的倾向感到很不安，9月中旬他打电话给国务院助理国务卿格罗斯（Ernest A. Gross），要求得到司徒雷登谈话的副本并核实。格罗斯在给周以德的回信中表示，国务院已经两次给司徒雷登大使发电报，希望他澄清事实。格罗斯向周以德保证，司徒雷登的所谓关于"承认"的声明完全是"谣传"，美国政府并没有任何打算要承认北京。[26]而事实上，司徒雷登的原话是："我乐见中国的未来。我将在回到美国后就中国的当前局势提交一份客观的报告。就我个人而言，所有中国的知识分子、自由主义者以及基督徒应该承认新政府，因为只有这样，中共新政权才有可能采取比较温和的中间路线。"虽然司徒雷登的澄清暂且让周以德缓了一口气，但在周以德档案中可以看到，在司徒雷登这个谈话的副本上，周以德大大地写着："天真（naive）！"[27]由此可见，对于美国政府承认新中国的任何设想或建议，周以德都毫不含糊地表示出他的反对与恼怒。

1949年10月以后，周以德更是极力宣扬美国政府对新中国应采取"不承认"政策。他不厌其烦地向自己的美国同胞阐明共产主义集团的"阴谋"及其对美国安全的威胁。他连篇累牍地发表演讲并提醒美国政府，共产主义在中国的胜利只是"克里姆林宫主人之最终目标中的一步"。他反复强调，"克里姆林宫已经控制了世界上三分之一的土地和人民"，更大的危险还在后面，因为"他们的企图是征服美国并统治全世界"，"他们的伎俩比希特勒更狡猾"。[28]对于美国国务院未能"充分地警觉到共产主义在中国和亚洲的扩张"，周以德一直耿耿于怀。他喋喋不休地抱怨，美国民众受到国务院和亲共宣传家的误导，以至于"天真地相信共产主义在中国的扩张只是试图推翻中国的封建、地主和军阀的革命"。周以德警告说，共产主义对于中国的征服意味着"对美国的决定性打击"，因为"中国支持苏联而反对美国——这强烈地改变了世界力量的平衡"，所以，"为了抗击共产主义这个敌人，美国人必须认识到共产主义的本质和目的，并迅速把全世界所有自由力量完全地动员起来"。[29]

既然共产主义是敌人，而中华人民共和国是由中国共产党领导的，所以在周以德看来，美国政府理所当然地应该继续承认台湾的蒋介石国民党政权为中国合法政府。周以德确信,"中华民国"一直与美国友好,而一个"相对独立"的台湾"是自由中国的象征,是那些被奴役的中国人民的希望所在"。[30]而"资本主义的台湾还有另外的象征意义,即中华人民共和国与'中华民国'这两个政权的比较,会使得大陆人民逐渐厌恶共产主义的统治"。[31]

然而,并非所有美国的盟友们都持这样的立场。由于在中国大陆及香港有巨大的投资和利益,英国政府不希望激怒新中国而相互产生对抗。于是,英国政府着手考虑承认中华人民共和国并照会了美国国务卿艾奇逊(Dean Acheson)。英国的中国政策深深地触痛了美国国会,特别是周以德以及参议员诺兰(William Knowland)和史密斯(Alexander Smith)等"援蒋帮"议员。1950年1月3日,周以德在国会发言中指出,英国一直是美国的盟友并得到美国的帮助,而承认中华人民共和国就意味着是在帮助美国的敌人,是对美国"翻脸不认人"。周以德认为,如果英国承认北京,那就是伤害美国并危及美国对新中国的"孤立"政策。[32]周以德等人要求艾奇逊展开外交努力,向英国施加压力。艾奇逊的确尝试了但并没有能够阻止英国的行动。[33]1950年1月6日,英国政府宣布承认中华人民共和国而撤销对"中华民国"的承认。但与此同时,迫于美国国会方面的压力,以及担心美国援助的"泡汤",英国政府不支持新中国加入联合国的要求。显然,中英关系也因此处于困境之中。[34]

从当时美国国内情况来说,杜鲁门政府与国会在拒绝承认新中国的立场上并无太大分歧。美国在华资产被查封以及美国驻沈阳总领事沃德(Angus Ward)被扣留也进一步引发了美国国内的反弹。诺兰甚至要求美国空军和海军封锁中国港口。[35]周以德在国会也以此为由,强调这更加表明共产主义扩张的野心。[36]为了遏制共产主义的扩张以及安抚国会,杜鲁门当局采取不承认新中国的明确立场,"美国因此成为拒绝承认中华人民共和国的唯一大国。而美国国会对于这个不承认政策的影响尤为显著"。[37]

在国会,又尤以周以德、俄亥俄州参议员塔夫脱(Robert A. Taft)、加州参议员诺兰以及新泽西州参议员史密斯等坚定的"中国帮"成员最为坚决。甚至对于杜鲁门政府在"是否承认"这个议题上的任何暧昧态度,他们都强烈表示反对,他们曾联名给总统写信,要求公开、明确表示立场即美国不承认"红色中国",联合国也不予以承认。迫于国会的强大压力,国务卿艾奇逊不得不硬着头皮一再地到国会澄清政府立场,表明拒不承认新中国的态度。[38]因此,就对杜鲁门当局可能承认中华人民共和国的阻挠、对政策制定者所造成的困窘而言,"'中国帮'仍然是一股切不可等闲视之的力量"。[39]这样,即使杜鲁门政府曾有过与中国共产党接触的良机或谋求承认新中国的意向,但都遭到"中国帮"成员利用国会的影响力以及国内公共舆论的支持而加以"扼杀"。[40]

最近刚刚去世的美国学者唐耐心(Nancy Bernkopf Tucker)曾指出,这段时期"国会内亲蒋介石的呼声中最突出的是来自传教士。……蒋介石基督徒的身份从一开始就吸引了具有保守的传教士情结的周以德的同情。他从不怀疑,蒋介石就是代表中国的利益,蒋介石及其政党正一心一意地建立民主体制。他始终确定,美国的自身安全也需要国民党的坚定支持。周以德断言,除非国务院继续强有力地支持蒋介石,否则,亚洲的赤化及第三次世界大战将不可避免"。[41]40年代后期,美国对华政策之所以成为国会辩论的焦点,一方面是因为中国局势的变化,另一方面是因为周以德等人在其中投入了大量时间及个人关注,他们常常提醒美国人对于二战中盟友的应尽职责,"但另有一些人加入'中国帮'却并非出于对中国人民的同情,而只是因为这里代表着反共前线"。[42]

(二) 经济封锁与贸易禁运

从 1949 年新中国成立起，特别是朝鲜战争后，国会内对新中国的敌视甚嚣尘上，周以德等顽固的"反共斗士"们强烈要求行政当局不仅在政治上封杀新中国，更要求实施"经济战争"即贸易禁运。在国会的压力下，"行政当局所对美国向中国出口战略物资的品种和数量的限制，甚至比向苏联和东欧国家的出口限制还要广泛得多"。[43]

另外，美国国会还发动国际社会对新中国的经济封锁。在美国的压力下，1951 年 5 月 18 日，联合国会员大会（the U. N. General Assembly）通过了一项决议，要求所有会员国对中共和朝鲜所控制地区实施禁运，包括武器、军火、战略装备、核能原料、石油、运输工具以及其他可用于武器、军火或战争设备之生产的任何物资。[44] 这项决议还要求每一个成员国在决议生效后 30 日内向联合国专门委员会提交一份报告，说明拟禁运的物资清单和具体措施。截至 1951 年 7 月中旬，已有 35 个成员国表示"完全支持"这项决议。[45] 正因为美国国会一直虎视眈眈地监督着对新中国的国际禁运，在 50 年代初期，西方国家被允许出口到中国的战略物资是极为有限的。因此，从 1950 年初开始，杜鲁门政府就把国际贸易作为冷战政策的一部分，而在这背后，美国国会又扮演着重要角色。[46]

虽然越来越多的有识之士清楚地意识到，中华人民共和国的实际存在与有效管理是无法忽视的事实，但美国政府仍然顽固地对新中国实施封锁并避免任何形式的接触，与此同时继续在外交上承认在台湾的"中华民国"。似乎看起来，周以德应该对此感到满意和放心，因为经济封锁政策几乎让所有与中国的贸易往来都被禁止。但是，周以德的担忧还要更广泛得多。周以德此时最担心的是"共产主义力量在东南亚的渗透，那里可以为中国的工业发展提供丰富的原材料供应"。[47] 在周以德看来，东南亚对于反共经济战争而言，是至关重要的地区。周以德觉得，"如果共产党掌控了东南亚，就有可能利用那里相对低廉的原材料和劳动力，制造出便宜的产品，这些产品将潜在地对国际市场造成冲击。这样一来，自由世界出口的日用品将逐渐失去他们的市场而被共产党集团所取代"。反之，只要东南亚继续保持"自由"，那这个地区将可以成为美国等"自由国家"产品的"巨大市场"。[48] 周以德认为，美国产品出口到东南亚，不仅有利于美国自身利益，也将提升当地民众的生活水平。而生活水平的提升又将刺激当地民众的购买力，进而鼓励他们发展自己的轻工业乃至重工业。周以德相信，亚洲人民"从内心深处来讲，是惧怕和不情愿被共产主义所统治的"。[49] 因此，他认为，"对于美国来说，帮助亚洲人民保持自由和发展经济，是利益攸关的大事"。[50] 换言之，在周以德看来，保护东南亚免受共产主义"侵犯"，不仅对美国的自由贸易市场至关重要，也将极大地有益于当地人民的"福祉"。

周以德似乎意识到共产主义阵营试图利用对外贸易来扩大对世界的影响力的策略，他宣称，对共产主义者而言，对外贸易既是首选武器，也是推进世界革命的重要手段。他曾一直认为，日本是美国在东南亚的潜在对手，二战后，周以德逐渐改变自己的想法，尤其是在"失去中国"后，他把日本看作是阻止共产主义扩张的重要盟友。周以德强调，在"失去中国和朝鲜"后，在亚洲，美国"不能再冒险失去任何朋友"。[51] 他认为，"由于太平洋战争，东南亚国家对日本普遍怀有仇视，所以日本无法起到保护东南亚市场的作用，但这样一来，中共就将成为东南亚唯一的可能贸易伙伴。中共将使得日本逐渐疏远美国并进而控制日本的产业命脉。因为'没有日本，亚洲大陆可以生存；而没有亚洲大陆，日本将无法生存'"。周以德预言，这样下去的话，日本"几乎肯定要在共产主义包围中噤若寒蝉"。为了瓦解共产主义阵营的对外贸易策略并防止"失去日本"，周以德认为，美国必须扩大与日贸易往来，并保障日本的商机和生存。如果美国能成为日本的最大贸易伙伴，那就能有效避免中日之间经济关系的"亲密"，同时也可以让日本减少对与中国大陆贸易的依赖从而避免"丢失"的危险。㉒ 可见，为了反共与防共，周以德可谓是用心良苦。

然而，在周以德看来，这只是一个短时期内的解决方案，最根本、最有效的办法就是"要让中国回到自由世界中"。㉓ 他煞费苦心地想象，那样的话，日本就可以自由地与中国发展贸易而无须任何政治忧虑。在周以德的心目中，共产主义阵营的对外贸易总是服从于政治目标的，共产党人从来不会像西方商人那样，就商言商。他认为，共产党人实际上是在为政治而做生意。因此，他声称，即使朝鲜战争结束了，美国与亚洲其他国家也不应该与中共有贸易往来，否则他们会变得更可怕。美国应该增强对盟友的支持，以共同去对抗和削弱中共。㉔ 显然，周以德对所谓的"共产主义阵营可能发动的经济扩张"的忧虑的背后，纠缠着复杂的意识形态因素，既有对亚洲人民的"情感"，也有对可能失去像日本这样的美国的东亚盟友的风险的担忧，更有对美国自身利益和安全的考虑。

从40年代末至60年代初，暂且不论他们的"歇斯底里"到底会产生多大影响，国会中的"中国帮"议员们频繁地利用出席听证会、发表广播演说、私人信件、报纸专栏等机会来施加他们对白宫和国务院的影响，他们甚至组织前往亚洲实地考察以强化他们援蒋与不承认北京之立场的"可信度"。在议员们"全国巡回演讲"中，周以德是最活跃的一个，他具有众议院外交委员会委员的身份，可以起到"事半功倍"的影响力。㉕

可以料想，50年代初，由于众议院亲蒋帮议员，尤其是周以德、诺兰等人，对于美国政府对外援助计划的操控，杜鲁门当局无法从中国内战中脱身。同样，整个50年代，在国会的压力下，无论是杜鲁门政府还是艾森豪威尔政府都不得不继续执行其强硬和僵化的对华政策，在经济上支持国民党而遏制共产党。由于美国对新中国的经济封锁政策，新中国领导人也针锋相对地采取措施，拒绝与美国商界的任何贸易往来。这导致朝鲜战争后，两国之间一直缺乏双边贸易关系，"中国当然也要承担部分责任，但主要原因是在美国一方"。㉖

即使在1972年8月，在尼克松访华后，中美关系的僵局已经被打破的时候，不再担任国会议员的周以德仍然宣称，"对于共产党人来说，对外贸易也是武器，如同炮弹或刺刀一样。他们从来不是为贸易而贸易，也不是为了造福人民，更不是为了改善与他国的关系。他们的目的只有一个：政治。以前是如此，现在也是如此，就是为了得到国际社会的政治承认。要不，为什么他们在已经达到目的后，却并没有帮助我们美国去解决我们的经济困难？对我们遭遇大规模失业的问题，他们反而幸灾乐祸。他们恨不得我们的处境越来越糟糕，甚至引发骚乱、暴动或革命"。㉗

可见，无论是"不承认"，或是"遏制"和"孤立"，对于周以德来说，这既是为维护美国国家利益的需要，更是为维护美国价值观与意识形态的需要。

四、结论

基于以上的研究，可以看到，就周以德而言，其意识形态的基础正是虔诚的基督教信仰和美国的核心价值观，这不仅影响和决定了周以德毕生的理念、行为和政治立场，同时也塑造了周以德的中国观及美国国家利益观。以意识形态概念对"周以德与新中国"的个案讨论生动而细致地表明，意识形态对于美国对华政策深层理念及冷战时期中美关系的影响。美国人在国际事务当中所热衷推行和维护的自由、人权、民主的价值观和制度，"看起来是世俗的价值观和社会制度，但实际上起源于基督新教的价值观和宗教改革，体现着基督新教的信念。这些价值观与新教教义一起，构成了延续两百年的美国式的价值观与社会体系，构成了美国的国家和社会的本质"。[58]基督教信仰和核心价值观塑造了美国人的世界观，这使得他们总是戴着有色眼镜来审视大洋的彼岸。虽然，这并不意味着某一特定的宗教信仰与美国领导人所奉行的某一特定的政策之间总是存在直接的联系，但是，"宗教信仰的确帮助塑造了美国精英的世界观，而他们的行为又根源于这种世界观"。[59]冷战时期，"美国在亚洲的三个小兄弟——蒋介石、李承晚（Syngman Rhee）和吴廷艳（Ngo Dinh Diem）——都是基督徒，这绝对不是巧合"。[60]

以周以德为个案的研究表明，中美关系的健康发展需要超越意识形态的差异或分歧，不应将此当成两国正常交往的束缚或障碍。美国的对华决策者应该认识到，对意识形态的热烈信奉和坚定固守并不能代替务实的对华政策。经济繁荣和社会发展的需要已经取代地缘政治，更取代意识形态而成为主导世界格局的关键力量，也成为主导中美关系健康发展的动力。在这样一个相互依存的全球化时代，包括意识形态差异或分歧在内的冲突是客观存在的，但中美双方，无论是决策者或普通民众，尤其需要的是更多的智慧和能力去相互尊重、相互理解和相互对话。

注释：

[1] 基辛格著，陈瑶华等译：《白宫岁月：基辛格回忆录全集》，北京：世界知识出版社，2003 年，第 1165 页。

[2] Henry Kissinger, *Diplomacy*, New York: Simon &Schuster, 1994, p. 18.

[3] Samuel P. Huntington, *The Clash of Civilization and the Remaking of the World*, New York: Simon & Schuster, 1996; *Who are we? The Challenges to America's National Identify*, New York: Simon & Schuster, 2004, p. 10.

[4] Eric Foner, *Free Soil, Free Labor, Free Men: the Ideology of the Republican Party before the Civil War*, New York: Oxford University Press, 1970, p. 4.

[5] Foner, *Free Soil, Free Labor, Free Men*, p. 5.

[6] Foner, *Free Soil, Free Labor, Free Men*, p. 5.

[7] 王希：《方纳：一个并非神话的故事（代译者的话）》，埃里克·方纳（Eric Foner）著，王希译：《美国自由的故事》附录，北京：商务印书馆，2002 年，第 518、520 页。

[8] 王希：《方纳：一个并非神话的故事（代译者的话）》，第 517、533 页。

[9] Hunt, *Ideology and U. S. Foreign Policy*, pp. 13-14.

[10] Hunt, *Ideology and U. S. Foreign Policy*, pp. 19-45.

[11] Hunt, *Ideology and U. S. Foreign Policy*, pp. 46-91.

[12] Hunt, *Ideology and U. S. Foreign Policy*, pp. 92-124.

[13] 关中：《意识形态与美国外交政策》，第 90 页。

[14] 关中：《意识形态与美国外交政策》，第 15 页。

[15] 关中：《意识形态与美国外交政策》，第 49 页。

[16] 关中：《意识形态与美国外交政策》，第 57 页。

[17] 王立新：《意识形态与美国外交政策：以 20 世纪美国对华政策为个案的研究》，北京：北京大学出版社，2007 年，第 3—4 页。

[18] 李剑鸣：《对美国自由的一种历史阐释——评埃里克·方纳的〈美国自由的故事〉》，《世界历史》2004 年第 1 期，第 117—118 页。

[19] Memo from Henry Kissinger on background and talking points for President Ford's 1/23/75 meeting with Walter Judd concerning future policy towards Taiwan. Miscellaneous. WHITE HOUSE. CONFIDENTIAL. Date Declassified: Aug 15, 1994. Complete. Reproduced in Declassified Documents Reference System (DDRS). Farmington Hills, Mich.: Gale Group, 2007, p. 1. See also Brent Scowcroft prepares briefing information

⑲for a meeting or telephone conversation between President Ford and Dr. Walter Judd a spokesman for Taiwan prior to Ford's visit to China. Miscellaneous. WHITE HOUSE. CONFIDENTIAl. Issue Date: Nov 28. 1975. Date Declassified: Apr 20, 1988. Complete. Reproduced in DDRS. p. 1.

⑳顾维钧致蒋介石，1948年4月3日，Koo Papers，Box 138；致蒋介石，1950年7月8日，Box 167；致外交部，1947年10月17日，Box 137。转引自金光耀：《1949年前后国民党在美国的政治游说——以顾维钧为中心的讨论》，2005-06-29，冷战中国网，http：//www.coldwarchina. com/zwxz/zgxz/jgy/001640. html.

㉑戴菁：《从美帝"移民法案"看所谓"中美传统友谊"》，《人民日报》1950年12月19日，第5版。

㉒"How Congressmen Make up Their Minds,"Redbook, February 1962, p. 3, Walter H. Judd Papers, Box 1, Folder: Biographical Material, St. Paul: Minnesota Historical Society.

㉓《人民日报》1947-11-10、1948-12-07、1949-08-27、1949-08-27、1950-12-15、1950-12-15、1950-12-19、1951-02-24、1951-05-29、1951-06-04、1951-08-17、1952-06-10、1953-05-18、1954-02-22、1954-04-02、1954-04-18、1954-07-18、1954-08-20、1954-12-05、1956-07-20、1956-08-06、1957-11-14、1957-11-20、1958-04-06、1959-08-19、1959-09-11、1960-04-29、1960-06-25、1960-07-30、1960-11-04、1962-11-11。

㉔Foner, *Free Soil, Free Labor, Free Men*, p. 6.

㉕"Stuart Will Recommend Recognition of Chinese Communist Regime," Asahi Shimbun, Tokyo, June 17, 1949, Walter H. Judd Papers, Box 1, Folder: China, 1949, Minnesota Historical Society.

㉖Ernest A. Gross, Letter to Walter Judd, September 10, 1949, Walter H. Judd Papers, Box 1, Folder: China, 1949, Minnesota Historical Society.

㉗"Stuart Will Recommend Recognition of Chinese Communist Regime," June 17, 1949.

㉘Walter H. Judd, "The Kremlin's Program of World Conquest Marches on, " Address to the House of Representatives, February 2, 1950, Extension of Remarks on the Town Meeting of the Air Radio Program, January 17, 1950, Edward J. Rozek（ed.）, Walter H. Judd: Chronicles of a Statesman, Denver, Colorado: Grier, 1980, p. 141.

㉙Judd, "The Kremlin's Program of World Conquest Marches on," pp. 142-143.

㉚Walter H. Judd, "Korean Unification and Prisoner Issue," Vital Speeches of the Day, Vol. 19, Issue 19, July 15, 1953, p. 581.

㉛Ena Chao, The China Bloc, Congress and the Making of Foreign Policy, 1947-1952, Ph. D. dissertation, University of North Carolina at Chapel Hill, 1990, p. 99.

㉜Congressional Record, 81st Congress, 2nd Session, Vol. 96, January 3, 1950, p. 14.

㉝Guangqiu Xu, Congress and the U. S. -China Relationship, 1949-1979, University of Akron Press, 2007, pp. 35-36.

㉞Nancy Bernkopf Tucker, *Patterns in the Dust:Chinese-American Relations and the Recognition Controversy, 1949-1950*. New York：Columbia University Press, 1983, pp. 25-26.

㉟Chao, The China Bloc, p. 131.

㊱Walter H. Judd, "The Kremlin's Program of World Conquest Marches on," p. 142；Memorandum by the Acting Secretary of State to the President, January 10, 1950, FRUS, 1950, Vol. VI, East Asia and the Pacific, pp. 270-272.

㊲Guangqiu Xu, *Congress and the U. S. -China Relationship*. p. 39.

㊳Stanley D. Bachrack, *The Committee of One Million*: "China Lobby" *Politics, 1953-1971*, New York：Columbia University Press, 1976, p. 46. See also Chao, The China Bloc, p. 128.

㊴Yung Kai Chung Kenneth, *Personal Sympathy and National Interests: The Formation and Evolution of Congressman Walter H. Judd's Anti-Communism, 1925-1963*, M. A. thesis, University of Hong Kong, 2007, p. 138.

㊵信强：《"半自主"国会与台湾问题：美国国会外交行为模式》，上海：复旦大学出版社，2005年，第139页。

㊶Tucker, *Patterns in the Dust*, p. 89.

㊷Tucker, *Patterns in the Dust*, p. 162.

㊸Guangqiu Xu, *Congress and the U. S. -China Relationship*, p. 66.

㊹Department of State, Bulletin, May 28, 1951, p. 849.

㊺New York Times, July 17, 1951, p. 4.

㊻Guangqiu Xu, *Congress and the U. S. -China Relationship*, pp. 72-73.

㊼Yung Kai Chung Kenneth, *Personal Sympathy and National Interests*, p. 172.

㊽Walter H. Judd, "The Philosophy of 'Trade with Asia'：We Need a Long Look Not a New Look, " Vital Speches of the Day, Vol. 20, Issue 17, June 1954, p. 532.

㊾Walter H. Judd, "The Real Test is Our Moral Strength," Vital Speeches of the Day, Vol. 20, Issue 14, May 1954, p. 433；See also

Congressional Record, 83rd Congress, 2nd Session, Vol. 100, June 17, 1954, pp. A4481–A4482.

(50) Judd, "The Philosophy of 'Trade with Asia'," p. 532.

(51)Yung Kai Chung Kenneth, *Personal Sympathy and National Interests*, p. 173.

(52)Judd, "The Philosophy of 'Trade with Asia', " pp. 532–534.

(53)Judd, "The Philosophy of 'Trade with Asia'," p. 534.

(54)Memorandum from Charles R. Norberg to Mallory Browne regarding Congressman Judd's visit to India. Memo. Department of State. CONFIDENTIAL. Issue Date: Mar. 30, 1953. Date Declassified: Aug 23, 1996. Unsanitized. Complete. 3 page (s). Reproduced in Declassified Documents Reference System (DDRS). Farmington Hills, Mich.: Gale Group, 2007, p. 2.

(55)Tucker, *Patterns in the Dust*, pp. 98–99, 165–166.

(56)Guangqiu Xu, *Congress and the U. S.-China Relationship*, pp. 170–171.

(57)Walter H. Judd, "*Communism—No,* " Address at World Anti-Communist League, Mexico City, August 27, 1972, American Council for World Freedom, 1972, p. 7, Private Paper from Mary Lou Judd.

(58) 于歌：《美国的本质：基督新教支配的国家和外交》，北京：当代中国出版社，2006 年，第 1 页。

(59)William Inboden, *Religion and American Foreign Policy, 1945–1960*, New York: Cambridge University Press, 2008, p. 22.

(60)H. W. Brands, *The Devil We Knew: Americans and the Cold War*, New York: Oxford University Press, 1993, p. 56. Quoted in Seth Jacobs, *America's Miracle Man in Vietnam: Ngo Dinh Diem, Religion, Race, and U. S. Intervention in Southeast Asia, 1950–1957*, Durham: Duke University Press, 2004, p. 13.

Personal Reflection from Axial Civilization to Dialogical Civilization

从轴心文明到对话文明的个人反思

■ 杜维明

摘要：我们都会有和家人、朋友、同事乃至陌生人交谈式的对话经验，但是真正具有深刻哲学意义的体验式的对话则是一种不易企及的人生境界。我开始从韦伯的现代化理论扩展到雅斯贝尔斯的"轴心文明"论域，是受到德国"海德堡学派"的影响，哈贝马斯是助缘。我在哈佛求学时就有和这位法兰克福学派的领袖在教授俱乐部单独论学的经验。我在1980年代有幸和终身奉献"世界精神性"（world spirituality）研究的 Ewert Cousins 结缘。我们一起投身文明对话，特别是宗教对话的共业长达三十年。他一丝不苟的敬业精神和任重道远的职业道德，为学术、知识和文化界开辟了各层次、各类型的对话空间。我也和提倡"普世伦理"的孔汉思有超过三十年的对话经验。

关键词：深度交流；海德堡学派；哈贝马斯；宗教对话；三十年经验

Abstract: We all have experience in dialogues with family, friends, colleagues and even strangers. However, the true philosophically meaningful empirical dialogue is a life state hard to reach. My research began with Max Weber's theory of modernity, extended to Karl Theodore Jaspers' theory on "Axial Civilization", and simultaneously influenced by German " the school of Heidelburg" and Jurgen Habermas, the leader of the Frankfurt School. While studying in Harvard University, I had the chance to make academic discussions with Mr. Habermas alone in Professor Club. In the 1980s, it was lucky enough of me to make friends with Ewert Cousins who devotes his whole life to the research of "world spirituality". Together we plunged into civilization dialogues, especially religion dialogues, for over 30 years. His meticulous devotion to work and professional ethics with great responsibility help to open all-typed and all-leveled dialogical space for students, intellectuals and culture research field. And moreover, I have also made continuous dialogues with Hans Kung who advocates " the Universal Ethics " for more than 30 years.

Key Words: in-depth communication; the school of Heidelburg; Jurgen Habermas; religion dialogues; 30-year experience

对话，是人与人之间最普通、最常见也最难能可贵的沟通方式之一。每天我们都会有和家人、朋友、同事乃至陌生人交谈式的对话经验，但是真正具有深刻哲学意义的体验式的对话则是一种不易企及的人生境界。我很幸运，在人生的旅途中遭遇到很多值得回味的对话体验。和伴侣、同学、师长、晚辈乃至初识者都有过非交谈式而是确有内容并且令我难以忘怀的对话。进行对话的先决条件是双方有兴趣、有意愿，也有天时和地利。我喜欢对话，珍惜对话，也知道彼此会心的一席谈是多么不容易的缘分。

双方都要具有数种关键性的优秀品质才能共创对话的美好经验：平和的心境、聆听的艺术、开放的胸怀和谦顺的态度等。容忍是最低的要求，没有容忍就不可能建立任何关系，但是只为了利益而建立的容忍关系是绝对无法持续的。首先，我们必须接受并承认对方的存在。接受是被动的，承认则是主动的认可。以色列和巴勒斯坦在你死我活的斗争中僵持有年，近来才承认对方的存在是不可消解的事实。有了这一层的认知，才能从极不情愿的容忍逐渐提升到勉强的承认。有了承认，也就从对他者的消极接受逐渐转变为主动自觉的认可，才有尊重的可能。尊重就不只是接受和承认，而且是理解到他者存在的价值。能够欣赏他者的价值才会兴发互相参照的意愿，由此才能互相学习。从容忍到承认、尊重、参照和学习是认知的过程，也是感情的认同。贯穿这一过程的心态是对"差异"的同情体会。到了在理智和感情的层面都体悟到他者的差异，不能、不必甚至不愿被消解、被同化，那么一个崭新的视域便呈现了：庆幸差异。

我不是基督徒，但我是基督教神学的受惠者。我愿意分享这一段的体验。我说"个人"而不是"私己"。私己的感受，如只隐藏在日记里的愤怒、嫉恨、报复、鄙视或自责自咎的情绪，我当然没有意愿和勇气把这些私人的感情公之于世。可是，个人的感受（也就是Michael Polyani 所说的"personal knowledge"）则大不相同。这种"个人知识"是透明的、公开的、可以讨论或辩解的，当然也是可以否定或反证的。如果在个人知识的领域中我犯的错误得到指正，我会欣然同意而且立即改正。如果有人告诉我在举证或论证上有缺失，我会由衷地感谢。正因为"个人"意味着存在的感受和身心的投入，我对自己的"个人"言行是要负责任的。

和这种方法、取径大相径庭的是道德中立、价值中立，以排除任何主观因素为目标的"客观研究"。目前这是人文学和社会科学研究的主流。深受政治意识形态长期宰制的学术界，提倡"客观"是可喜可贺的现象。乾嘉朴学和西方汉学扎实的"考证"是对治以论代史的利器。胡适和傅斯年在"五四"和抗战时代极力提倡的科学方法在专业史学界（包括思想史和哲学史学界）有很大的说服力和影响力。不过，因为过分强调新资料、新方法和新问题，往往忽略了哲学中的根本课题。更严重的是，因为坚信极端的实证主义，曲解了"科学方法"，把不能量化的意义问题逐出学术界，只关注"干枯无味"的物质因素，那么哲学、宗教学、文化人类学、深度心理学、文化研究或诠释学都无法正常运作，恐怕连有创意的史学也不能进行。譬如傅斯年在论中央研究院史语所的旨趣中公然宣称要和还在重谈"仁义礼智信"之类的学人划清界限，充分显示在他的学术领域中儒家哲学（包括伦理、美学和宗教思想）已丧失了合法性。中央研究院成立于1928年，到了迁往台湾的南港之后的1980年代才因为陈荣捷等老先生的力争而开始筹建中国文学和哲学研究所。这一案例很能说明问题。

回到"个人研究"的取径，我和基督教神学家的对话严格地说都不是"客观"的学术交流。因为他们不是我研究的对象，更不是我理解一个"绝然他者"的工具或手段。我和他们相遇有时是机缘巧合，但更多则是因为好奇、求知欲和内心的冲动，我主动自觉地为自己创造学习的机会。当然也有从天上掉下来的礼物。我在东海大学念书的第二年，一位雷神父向我提出，他愿意单独为我传授天主教的基本教义，每周一次两三个小时，为期一年，从最基本的信念出发，逐步推论每一个命题和每一个教条的理据。我同意了。现在回想这份礼物是丰厚的。我能和孔汉思进行儒耶对话长达30年，和德夏堂成为至交，冥冥之中好像和雷神父的青睐有关。可以说他在我的心灵底层播了善种。

其实，东海大学继承了美国基督教亚洲高等教育运动的传统，和燕京、金陵、东吴、齐鲁以及圣约翰大学类似，突出博雅精英的办学理念，重视传统文化的人格教育，也强调"基督精神"。虽然没有强制性做礼拜的要求，查经班、圣经研究和神学讲座的机会却很多。印象特别深的是生物学系主任Paul Alexander周日晚上在家里举行的查经班和周联华牧师的克尔凯郭尔（Kierkegaard）序列讲座（有两次还是和牟宗三先生一起去聆听的）。在东海念书期间，英文教师都是美国精英大学如普林斯顿、耶鲁和奥伯林的不同专业的近期毕业生，年龄差别有限，谈话中不免接触到比较中美日常生活、教育理念和价值取向之类的话题。用有限的英文词汇进行文明对话是我培养聆听能力和拓展人文视野的精神磨炼，也让我结交了好几位谈友，在我心里凝聚了许多值得一再回味的美好记忆。谈友之中如Linda Graves和Bill Volkhausen后来成为终身的益友，他们从各方面协助我融入美国社会，我永远感谢他们。

在哈佛留学期间（1962—1966），Wilfred Cantwell Smith、Talcott Parsons、Robert Bellah、Harvey Cox 和 Raimon Panikkar成为我"师友之间"的对话伙伴。和他们的交往使我通过比较宗教史、宗教社会学、宗教进化论、宗教世俗化和对话神学的视野理解到儒家传统的现代转化可以从基督教的新教伦理和资本主义精神的复杂互动中获得灵感和启示。在普林斯顿任教的四年（1967—1971），Walter Kaufman的存在主义论说，Stuart Hampshire 的斯宾诺莎（Spinoza）和 Bernard Lewis的道德哲学引发了我极大的兴趣。我开设了集中探讨东方精神境界的习明纳（seminar），和普林斯顿大学投入"身心性命"之学的本科生若干人把"体读"《孟子》《中庸》和王阳明的《传习录》作为日课。正巧在1968年夏威夷东西哲学家会议订交的京都学派祭酒西谷启治在费城的Temple大学访问，我邀请他来普大论学。他和刚从日本来北美弘法的佐佐木承周禅师到家里做客数周，每天带领同学坐禅、参话头、斗机锋。其中一位，Hal Roth，脱颖而出，很受禅师的赏识并收为徒弟。他没有出家，但和师父一直保持紧密的联系，目前在布朗大学教授东方宗教，特别究心于躬行实践。

在加州大学历史系任教的十年（1971—1981），我同Robert Bellah、William Bousma和GTU（联合神学研究院，Graduate Theological Union）的Mark Jourgensmier合作，创建了大学部的宗教专业。在美国的州立大学这可能还是创举，同时和加州大学桑特芭芭拉校区的Raimon Panikkar共同培养专攻东亚宗教的博士，如Young Chan Ro（李栗谷）和Joseph Adler（《易经》）。

儒家和基督教的对话在多元宗教的背景下进行。我开始从韦伯的现代化理论扩展到雅斯贝尔斯的"轴心文明"论域，是受到德国"海德堡学派"的影响，哈贝马斯是助缘。我在哈佛求学时就有和这位法兰克福学派的领袖在教授俱乐部单独论学的经验。他自我定位的学术谱系是马克思—韦伯—帕森斯。依稀记得我想了解他的"沟通理性"和儒家仁学的关系。我的意愿是从"沟通理性"引发"推己及人"的仁术。但他关注的焦点是政治哲学，特别是立基普世价值，如人权和法治的公共空间。我想把道德形而上学的核心课题纳入其中，他兴趣索然。后来他和撰写《正义论》的罗尔斯（R. Rawls）成为亲密的战友是可以想见的。值得一提的是，近来哈贝马斯全心全意关注宗教是欧美哲学界、宗教界和神学界的热点话题。

Bellah 教授曾正式邀请哈贝马斯加盟伯克莱。哈贝马斯也欣然接受。据说，还正式签约，但他反悔了。公开的理由是他和学生也是其友人有共同研究之约，不能弃之不顾。但他的学友私下表示更重要的原因是德国公保的条件优厚，如接受加州大学聘约则经济损失惨重。这位学友就是 Wolfgang Schluchter。应 Schluchter 的邀请，我参加了海德堡大学集中研讨韦伯和儒家的习明纳。这是 10 年计划中的一个环节。相关的课题有韦伯和早期基督教、犹太教、伊斯兰教和兴都教（印度教）等。"海德堡学派"投入巨资从事长期跨文化的国际合作是根据深刻而全面的问题意识：如何把韦伯论说从美国现代化的语境中"解救"出来，使它回归到德国第二次世界大战后反思西方文明走向的哲学领域之中？具体地说就是如何"去帕森斯化"（de-Parsonization），让它重新在雅斯贝尔斯的"轴心文明"话语中，发挥比较研究方法的优势。我对以帕森斯"结构功能"学派为方法取向的具有美国特色的现代化理论知之甚稔。韦伯是这一取向的关键人物，唯一可以和他相提并论的是涂尔干（Emile Durkheim）。

韦伯曾坦率自白，他是宗教的"音盲"，也就是说他没有宗教信仰的敏感神经，他不是个虔诚的基督徒。不过，韦伯在社会科学领域中最大的贡献是宗教社会学。他最为人所称道的著作应是《新教伦理与资本主义的兴起》一书了。必须说明，这本书虽是帕森斯从德文翻译而来，但 The Protestant Ethic and the Spirit of Capitalism，严格地说，根本没有德文原本，而是帕森斯根据韦伯一篇在某一神学杂志的论文编辑而成。韦伯的德文文本多半是未定稿，如果没有经过帕森斯及其他几位美国学者的共同努力，他的学术不可能广为流传，更不可能成为显学。但是不可否认，美国化的韦伯并不能体现他学术关怀的全貌，也不能包括他思想领域的广度和深度。德国学者处心积虑要通过去美国化（也就是从帕森斯的现代化论说中解救出来）并非民族主义使然，而是想重新把韦伯置放在具有世界意义的"地方知识"。显然，这一地方知识蕴含了对雅斯贝尔斯"轴心文明"命题的"厚实描述"（"thick description"，Clifford Geertz 原创）。

带有讥讽意味的是，在帕森斯的眼里，韦伯是现代化理论的主要奠基者。根据帕森斯的解读，韦伯定义现代化为"理性化"（rationalization），突出了现代化的本质特色，是极有洞见的提法。理性化包括工业化、科技化、都市化、市场化和民主化，是一个"凡俗化"（secularization）的过程，也可以说是一个"解魅"（disenchantment）的过程。最明显的例证之一即是宗教的神圣性被消解了，取而代之的是钱和权（富强）的价值。韦伯在《新教伦理》一书中引用了一个牧师 Baxter 的话："对一个基督徒而言，财富就像外套一样随时都可以脱掉。"韦伯对这句话做了回应："没想到一百年后外衣变成了铁笼。"换言之，清教伦理固然促进了资本精神的兴起，但资本主义却彻底宰制了基督徒的生命。在《圣经》里富人进天国比骆驼穿针孔还难，在资本社会里基督徒变成了财富的奴仆。这种分析是深刻的，也充满了悲情和无奈。韦伯认为现代社会的主人是专家和经理而不是牧师和哲人，但他所尊重的是以学术为志业的科学家和以政治为志业的政治家。

我在1980年代有幸和终身奉献"世界精神性"（world spirituality）研究的 Ewert Cousins 结缘。我们一起投身文明对话，特别是宗教对话的共业长达三十年。他一丝不苟的敬业精神和任重道远的职业道德，为学术、知识和文化界开辟了各层次、各类型的对话空间。印象最深的是1989年我出任夏威夷东西中心文化与传播研究所所长14个月期间共同主办了几次饶有深趣的跨宗教论坛。参加的学者、哲学家和神学家有 Wilfred Cantwell Smith、Huston Smith、Hossein Nasr、Raimon Panikkar 和 Stephen Katz 等。值得强调的是代表犹太教、基督教和伊斯兰教的大师大德，每一位都有长期居住异地或他乡（W. C. Smith 和 Panikkar 在印度，Huston Smith 在中国，Nasr 在伊朗，Katz 在以色列）的经验。他们的确是"天下一家"（cosmopolitan）精神的体现者和见证者。同时他们的洞见和智慧与日俱新，和不久即过时的"未来学者"的预言形成鲜明的对比。

我也和提倡"普世伦理"的孔汉思有超过三十年的对话经验。但坦白地说，我们之间的共同语言不多。其实，从追求最大公约数或寻找最低要求以建立人类和平共存之道的"普世伦理"而言，我较熟悉的谈友是 Sisela Bok（她出自瑞典名门，父母都获得诺贝尔奖，弟弟是知名度很高的汉学家，丈夫是专攻法律的哈佛校长）。我和孔汉思交往是因为儒学同行秦家懿的引介。1993年在芝加哥举行世界宗教议会（The World Parliament of Religions），我没有应邀参加的主要理由是不满组织者缺乏事先沟通的机制和诚意。带有讥讽意味的是，1893年在芝加哥召开首届世界宗教议会时居然有两位儒家的代表，而当时毫无疑问的精神领袖是印度哲人 Vivakenanda。1993年，为了恢复百年前开放多元气象的组委会基督教的色彩太浓，孔汉思的"普世伦理"宣言没有为大会所接受，同意自愿签名的人数比例不大应与此有关。

1997年，由金丽寿代表联合国教科文组织（UNESCO）的哲学组邀请我参加在巴黎举行的有关普世伦理的会议，我无暇与会，但推介了刘述先代表儒家。刘述先很欣赏孔汉思对世界其他宗教的开放态度。据他说孔汉思撰写宣言的建议为十二位哲学家所接受，原则决定两年后第二次会议时集中讨论宣言内容。殊不知1999年在那波利举行会议时，因 UNESCO 的文化氛围已改变，与会者多半反对"越薄越好"的抽象的普世主义。Michael Walzer 提出的"厚"和"薄"必须兼顾的思路，较孔汉思的底线理论更有说服力。孔汉思得悉内情立即强烈抗议。但大多学者反应冷淡，他即愤然离席。我参加了劝说，可是并不积极。因为我已经和他有了类似的辩论：你曾经写过一本厚达一千页的自况，对自己在20世纪努力做个基督徒的艰辛详为说之，其中有一章提到其他宗教，涉及儒家的仅数页而已。你也知道我献身儒家之道有年，现在你要求自己暂时忘记基督徒的身份，也要求我悬搁儒家情结。在这前提下，我们共同探讨抽象的人赖以存活的伦理。即使大家都同意最基本的几项原则，如《十诫》所云，但好像总缺了些什么。

我很赞赏孔汉思为 Inter Action Council（由退休国家领导人所组成的"行动委员会"）所撰写的"责任伦理"宣言。但这一个表面上合情合理的宣言，在西方媒体引起极大的反弹，绝非孔汉思或委员会始料所及。殊不知强调人权和自由民主的媒体，譬如《纽约时报》驻巴黎的资深评论员 Flora Lewis，怀疑有李光耀积极参加的责任论说必然有为权威主义造势之嫌。果然，在曼谷召开会议时当所有的官方代表都同意签署责任伦理时，也在曼谷集会的国际非政府组织断然公布他们反对责任伦理宣言，因为不形成这一文本背后不言而喻的动机是批评乃至放弃人权。后来孔汉思和我谈起此事，他颇有愤愤不平之气，但也深感无奈。

"亚洲价值"的议题与此有关。把"亚洲价值"和"普世价值"视为两种不同乃至对立的价值取向在理论和实践层面都大有问题，但实际上已成为国际学术界、知识界和思想界耳熟能详的争议。我的印象是，"亚洲价值"的提出是李光耀和马哈蒂尔针对西方（特别是英美）以人权论说批判新加坡和马来西亚的权威政治所做出的意识形态的回应。他们宣称受儒家伦理影响的社会强调团队精神，注重和谐，不炫耀个人的才华，不宣扬私利，不突出人权，而以责任心和义务感自勉自励。这本来无懈可击，但全面解读他们的理据，其中不乏为个人权威和政府控制找借口的因素，结果"亚洲价值"便成为权威主义乃至反自由、反民主、反人权的代号。不仅西方的媒体，连泰国和印度的非政府组织也群起而攻之了。孔汉思和行动委员会的责任宣言被解读为反人权的宣言是可以理解的。

儒家伦理成为代罪的羔羊是不公平的，但也是无法避免的。我选择的诠释策略是，在对"亚洲价值"论域的来龙去脉有充分认识的基础上提出坚实的有理论深度并且可以付诸实行的儒家伦理。1982 年我接受新加坡第一副总理吴庆瑞的邀请参加儒家伦理计划访问星洲，在国立大学发表的首次演说的讲题即是"儒家的抗议精神"。我明确区分董仲舒以神权约束王权的大儒言行和公孙弘以儒术巩固王权的"曲学阿世"，并且举了很多史实来说明弘毅之士，也就是有良知理

性的知识分子，如何体现为广大人民服务的公共理性。我相信扎根现实而不背弃理想的政治行为是必要的，也是可行的。这里所牵涉的是动机伦理，更是责任伦理。我们要对我们行为的后果，包括未预期的不良后果负责。因此"自反而缩"的纯正动机只是起点。要走这条漫长的有实践意义的道路，每时每刻都要小心谨慎。所谓战战兢兢、如临深渊、如履薄冰，正是儒家要求领导者面对千万生灵不能没有的敬畏之情。儒家认为越有钱、有势、有信息、有资源的人就越应该对社会负责任。如果既得利益者对大众的福祉不闻不问，即使安全（"足兵"）和经济（"足食"）不出问题，社会仍会因为缺乏诚信而瓦解。

1980 年代，特别是在"东西中心"的 14 个月，我发展了两个论域：文化中国和文明对话。它们之间的关系非常密切。如果从广义的文化来审视中华民族，文明对话（比如为汉藏民族之间建立深厚而互信的文化共识）是建构开放多元的认同不可或缺的机制。不过文明对话在文化全球化的语境中所牵涉的领域更多，问题更错综复杂。伯格（Peter Berger）曾主持过一个有关"文化"而不是"经济"全球化的大型研究计划。我参加了形成问题意识的初步协商。他利用社会学"思想实验"（thought experiment）的方法，设置了韦伯式的假设：文化全球化和经济全球化相似，都是消解差异、趋向同质的过程（homogenization）。明显的特征是英语的普及，好莱坞大片充斥市场，美国流行歌曲横扫青年文化，以及基督新教在韩国、中国及非洲的传播。可是，2002 年他在华盛顿发表研究结果时，由牛津大学出版的论文集的题目是 *Many Globalizations: Cultural Diversity in the Contemporary World*（《多种全球化：当今世界的文化多样性》）。在新书发布会上他坦然表示，研究团队在包括德国、美国、日本、印度、中国大陆及中国台湾在内的十个

地区调查的结果显示，差异远较趋同的倾向更为明确。我们可以用几个显而易见的现象来说明他的判断是正确的：英语固然普及，但西班牙语在美国的强势和中文在世界各地的传播也不可忽视；好莱坞的势头在华语世界锐不可当，但在印度文化圈则毫无发展的空间；非英语的流行歌曲在拉美、中东（包括以色列）、南亚和东亚的市场极大；大乘佛教和伊斯兰教在世界各地传播的盛况绝不亚于基督新教。这些都足以反证伯格初设命题的局限性和片面性。

值得一提的是，我和伯格的相识是在 1960 年代。那时我在普林斯顿大学任职，几乎每周都到纽约新学院（全名是 New School for Social Research），一个犹太知识分子组成的高等人文和社会科学研究院。Hannah Arendt、Hans Jonas 和 Richard Bernstein 都曾在新学院任教。我当时注册"社会博士"（必须已经取得 Ph.D 学位才可注册），主要是上 Benjamin Nelson 的韦伯习明纳（seminar），但也旁听了伯格的课。可是我们成为"亲密的道友"是在 1980 年代。我回哈佛期间，他以"大学教授"名义任教波士顿大学而且创建了美国唯一的经济文化研究中心。我是中心的常客，参加会议、组织研讨、担任主席、负责评论，也多次是他坐落在离中心咫尺之遥"官邸"的座上宾。和有美国"社会学元老"美誉的伯格教授论学当有三十年以上的经验。他是我直谅多闻的益友，对我最大的启发是他有关"社会建构真实"的理论和在凡俗世界中如何体认神圣的洞察。伯格是维也纳人，笃信基督教的路德新教。他的媳妇是印度人，和兴都教家庭联姻后对南亚的精神文明有很多敏锐的观察。他的夫人是专攻"家庭研究"的社会学家，儿子是研究日本历史的大学教授。因此，突出比较宗教的文明对话是他生活世界的日课。

另外两位值得介绍的对话伙伴是福山（Francis Fukuyama）和亨廷顿（Samuel Huntington）。福山有鉴于苏联解体而提出资本主义（美国道路）大获全胜的"历史终结"理论，但风行不久即被亨廷顿的 1993 年的"文明冲突论"所取代。不过福山并没有坚持他显然过分乐观的以"美国路线"主导世界的偏颇之见。后来他撰写了一本极有影响力的有关"诚信"的比较研究的书。他的结论是，从国家的比较优势而言，德国和日本的诚信指数居世界之首。

我起初读到亨廷顿在巴黎刊行的《国际前锋论坛》言论版的短文时就告知友人 H. Nasr，文明对话势在必行，我们责无旁贷。1994 年 Nasr 和我在哈佛旅店（Inn at Harvard）举行了只有 13 人参加的伊斯兰和儒家的对话（the Islamic-Confucian Dialogue，在中国通称"回儒对话"）。1995 年由参加哈佛对话的 Osman Bakar 在马来西亚首都吉隆坡组织了大型"回儒对话"，听众超千人。副总理兼财长安华鼎力促成并积极参加是主要原因。根据我最近获得的信息，这次大会直接影响了伊朗的总统哈塔米。他向联合国大会正式提出"世界文明对话年"的理念。1998 年正式通过 2001 年为"文明对话年"并组织推进文明对话年的"知名人士小组"（Group of Eminent Persons）。秘书长安南的特别助理毕克（Giandomenico Picco）被指定为小组的召集人。

2001 年初第一次集会在维也纳，由奥国做东，我因已答应参加中山大学陈少明的博士答辩而缺席。第二次在爱尔兰首府都柏林举行会谈时气氛紧张严肃，大家，特别是德国前总统 Richard von Weizacker、新加坡的资深外交家许东美、中国代表宋健和神学家孔汉思，对毕克草拟的报告表示不满。讨论得很激烈，很难形成共识，毕克决定回纽约联大总部后到康桥和我协商半日后再撰写修订稿。我记得非常清晰，本来约好的是星期四上午，作为安南的特别助理而且正在处理巴勒斯坦领袖阿拉法特的棘手问题，他只能在康桥逗留两个小时。50分钟后，他改变了行程，取消了48小时内一切约会，不休不眠地工作了整个周末。临行他兴奋地说："我现在知道应该怎么写了！"他说服了我参加写作。我起初拒绝的理由是完全没有草拟这类文本的经验。接受邀请后整整十天无法动笔，根本不知道如何起步。现在追忆那篇七千多字没有署名的有关在文化全球化的语境中进行文明对话的议论，写得虽然辛苦却很有意义。不必讳言，其中有不少观点现在已成为联合国教科文组织（UNESCO）的共识。2008年我卧病家中还是为UNESCO拟定了有关文明对话和文化多样性的文本。

第三次会议在卡塔尔首都多哈召开，大家对文本都很满意。在友善的氛围中，我和孔汉思讨论金科玉律应采取基督教的"己所欲施于人"还是儒家和犹太教的"己所不欲，勿施于人"的分歧也达成了共识：最低的要求应该是恕道，但必须靠爱心和仁道才可构建一个诚信和谐的生命共同体。2001年11月，安南秘书长把包括Jacques Delors、Nadine Gordinmer和Amartya Sen在内的18位"知名人士"签名的为推动文明对话年而撰写的《超越断层》提交给每一个成员国，象征国际社会走出文明冲突并走向文明对话的共同意愿。

2004年我应UNESCO执事局主席德国的Wren大使之邀，和58位代表从早上10点开始进行了长达三个小时的交流，集中讨论文明对话的理论与实践。在哈佛，我从未缺席地参加了每月一次由亨廷顿主持的历史宗教与地缘政治的研讨会。在这个维持了一年以上的思想盛宴中，我亲睹不少同事从冷战心态逐渐转化为对话"达人"的过程。2005年我和池田大作曾在日本《第三文明》月刊连载一年半的对话，并出版单行本。他提出书名为《文化：冲突还是对话？》，我建议改为《走向对话的文明》。他同意了而且加上副标题：和平希望的哲学话语。近年来，我参加这类国际会议的频率增加了。不过，2013年在维也纳举行第二次联合国"文明联盟"（Alliance of Civlizations）的礼遇则绝无仅有：我是唯一的主题发言者，还有两位特邀嘉宾是我的评论员。

"从轴心文明到对话文明"不只是回顾而且是前瞻。我想放眼将来人类的存活和发展必须通过多层次、多维度和多元多样的对话。我们必须超越冯契所谓的"古今中西"之争，开启传统和现代、科学和宗教、中国和西方，乃至族群、性别、语言、代际、阶层、国家、区域和信仰之间的对话之门。

The Ecological Consciousness of Guizhou Minorities, Its Status Quo and Future

贵州少数民族生态意识、现状及未来

■ 顾 久

摘要：贵州少数民族多生活在群山阻隔、外界歧视等自然环境和社会环境中，带来其特有的生态意识。黔东南从江县岜沙山寨的苗族，婴儿出生时即种下一棵树，并为该树取个与婴儿相同的姓名。孩子成长，该树也成长。此人死亡时，即砍此树制成棺木相葬。再种上一棵树，象征亡者。随着外来文化影响，他们的谋生方式、社会秩序、日常行为习俗等都在变化。原先饱含信念的歌舞仪式、生活技艺等，逐渐转向媚俗的市场风气。敬奉自然、敬畏祖先的心态不再，功利主义和工具理性地对待大自然越来越成为时髦。贵州传统少数民族的生态意识是建立在一种朴素的自然的状态下的，经历当今现代工业化的洗礼，可能进入一种自我意识、自由意志基础上的理性回归。

关键词：生态意识；出生；植树；功利主义；回归

Abstract: Most of the minorities in Guizhou Province live in mountainous environment and discrimination by the outside society. In the southeast of Guizhou, the Miao People, who live in Basha Mountain Village, Jiangxian County, have a tradition that when a baby is born, a tree will be planted and named after the baby. As the child grows, the tree grows, too. When that same person dies, the tree is cut down and made into a coffin to be buried together. One more tree will be planted to stand for the dead. With the exterior culture entering the region, the ways of their making a living, interpersonal order, daily behaviors and customs have changed. The original dancing and singing rites used to contain full faith and living artistry, but now have turned to gaudy performance of commercialism. There is almost no mentality to worship nature or respect ancestors, while the utilitarian and instrumental treatment of nature has become a vogue. The traditional ecological consciousness of Guizhou minorities has been built on a primitive natural state. Currently, when undergoing the baptism of modern industrialization, there is a possibility to have a rational restoration based on self-consciousness and self-will.

Key Words: ecological consciousness; birth; planting trees; utilitarianism; restoration

本文拟介绍贵州少数民族的生态意识，分析其结构并预测其未来，共分三部分。

一、贵州少数民族及其生态意识

贵州现有世居少数民族17个。近代，其大多数已进入农耕的定耕阶段，有些仍处于游耕乃至狩猎采集阶段。处于该时段，雨雪旱晴、土地状况、生物盛衰等，对人的生存具有决定性的影响，相应地，少数民族同胞们对生态有其独到的行为和观念。

在行为上，黔南的有些布依族群体狩猎时曾有专猎虎、豹等猛兽的专业队伍。其出猎分三阶段：猎手先独身探明猎物栖身处，回来向寨老请示；获准后要插路标于方圆5里外，告诫往来者注意安全；7天后猎手才能进山，在猛兽出没处设弩安箭，并念诵《请进经》。据称，被念过经的猎物会一路吼叫，待叫声骤停，则已中毒箭。一旦猎获猛兽，猎手们还要念《放出经》，放掉其余的虎豹而不猎，同时摘花、叶插在所获猎物上以示感激和对亡灵的祭奠。这些行为，体现出敬畏自然、感恩猎物、敬惜资源的意识。

在观念上，黔东南雷山苗族的"蝴蝶妈妈"神话说，枫树倒下后飞出蝴蝶妈妈，妈妈与水泡泡结了婚，生下12个蛋。蝴蝶不会孵蛋，请小鸟来孵，蛋中生出种种生物——虎、猴、雷公等，而人类，不过是这十二分之一。如果说神话对于少数民族具有真实性、真理性乃至宗教性的话，那么，蝴蝶妈妈神话中蕴含的山川树木、鸟兽虫鱼，全都是与人类血肉相连的一家人。这截然不同于西方传统工业文明时期提出的"对自然的否定就是通往幸福之路"。

二、贵州少数民族生态意识的分析

（一）贵州少数民族生态意识是与特定的生存环境相应的

贵州少数民族同胞多生活在群山阻隔、外界歧视等自然环境和社会环境中，带来其自闭与自足的性格特征。以神经科学为理论分析：外部世界（自然的、社会的）信息通过个人的感官，进入大脑后逐渐形成了相应的神经元回路（主要有"仪式型的行为回路"和"概念型的理念回路"）——"心动"的过程；这些神经元回路指导着人的行为，作用于外部世界并接受其反馈——"行动"的过程。意识，就是这些与生存环境相应的神经元回路群。

贵州少数民族同胞的生态意识，是在这样的生存环境下生成的。

（二）贵州少数民族生态意识是由广大群众的"群体无意识"状态为基础，由寨老、鬼师等精英分子"思想"的引领产生的

从意识层面分析：一个人类群体，共同面对外部世界，通过长期的"心动""行为"的互动过程，必然形成相对稳定的、公认的"群体无意识"（"公共神经元回路"）。这种群体无意识可能粗糙而且本能，但因为能保障该群体在严酷的自然选择中生存繁衍而逐渐固化。而其中少数杰出人物（如早期的祭司），每每通过古歌、宗教仪式等，将群体无意识提炼为群体的理念，被后人称为某种"思想"；这些思想再经进一步思辨化和精练化，被称为"哲学"。贵州少数民族的生态意识，就是由少数民族同胞基础性的"群体无意识"和精英们的"思想"共同混成的。

（三）特定的生态意识与谋生繁衍、结群秩序，习俗仪式等有共生关系

以文化人类学角度分析：任何一种意识，都一定能支撑某人群的生存繁衍；从这个角度看，不能支撑

生存繁衍的意识是无意义的。人类依靠一个大系统而生存繁衍，该大系统至少有四个子系统共同支撑着：一个"谋生谋衍"的生产子系统，一个"结群有序"的制度子系统，一个"适度有礼"的日常行为，即习俗的子系统，以及一个"合情合理"、安顿灵魂的观念子系统。我们说的"意识"，主要是指依托、互联、共生在前三个子系统中的观念子系统。换句话说，一定的意识必须"活"在相关的生产、制度、习俗系统之中。

贵州少数民族的生态意识，就"活"在其生产、制度、习俗系统中。

例如，黔东南从江县岜沙山寨的苗族，婴儿出生时，即种下一棵树，并为该树取个与婴儿相同的姓名。伴随孩子成长，该树也成长；此人死亡时，即砍此树制成棺木相葬。再种上一棵树，仍象征亡者。这里郁郁葱葱的树木，不仅仅是作为人类的客体的植物，而且是与人生命合一的、值得敬重的生命主体。其中体现的生态意识，就是由其千百年来的生产、制度、习俗所共同支撑着的；由民众认同并在寨老、鬼师主持仪式中坚持的。用另一句话表述：岜沙人用谋生的、秩序的、习俗的、意识的四根"柱子"，共同支撑起岜沙传统农耕的良好环境。

三、贵州少数民族生态意识的未来

从悲观的角度看，贵州少数民族传统生态意识在可预见的未来并不乐观。

虽然岜沙的村民依然坚持自己植树丧葬的传统，雷山县苗族同胞们仍以"蝴蝶妈妈"作为世代古歌传唱的内容，成为生活中必不可少的装饰，并称"没有蝴蝶妈妈的刺绣不是苗族的刺绣"等，教育部门还将其中的部分内容作为乡土教材，以期世代传承。但是，随着外来文化的影响，特别是改革开放以来，贵州少数民族的谋生方式、人间秩序、日常行为习俗等都在悄然变革，其生态意识也在发生巨大变化。在谋生方面，大量年轻人开始进城务工，传统农业社会那些一饱万事休、勤劳节俭、知足常乐的传统，逐渐让位给金钱至上、能挣会花、永不知足等心态和行为；在制度秩序方面，传统农业社会亲缘、地缘关系，逐渐被城市环境中业缘、金缘关系替代；在日常行为习俗方面，原先饱含信念的歌舞仪式、生活技艺等，逐渐转向媚俗的市场风气等；传统农业敬奉自然、敬畏祖先的心态、习俗等，被认为是不科学的落后迷信，功利主义和工具理性地对待大自然越来越成为时髦。在我当年下乡的小村，打工者在祖祖辈辈都珍惜万分的"秧地田"里随意盖砖房，千百年来没有的电子垃圾和废塑料制品也开始随地弃之。总之，全球化、工业化的负面影响伴随着物质财富的扩张而迅速全面地袭来。

积极之处：科学发展观所规定的理念在各级领导中开始流行，其发展规划中也写入生态文明、青山绿水的内容；寨老、鬼师们在民间一定程度上的影响力残存着；百姓依然怀念、讴歌着环境优美、资源充裕、生活愉快的田园牧歌般的昔日。

消极之处：在工业化的强大驱动力下，生态的声音弱化；村寨里绝大多数寨老、鬼师等传统组织者正在渐渐失去其传承传统的功能；民众往往更重视当今的利益而忽视祖宗与儿孙。

当然还可以做一个乐观的预测：贵州传统少数民族的生态意识是建立在一种朴素的自然的状态下的，经历当今现代工业化的洗礼，可能进入一种自我意识、自由意志基础上的理性回归。但即使有这个阶段的出现，也在尚未可预计的未来。

我以为，此次会议的主要意义就在于以一种"知其不可为而为之"的精神，从传统思想资源中寻找资源，为后人留下种子和根子，打造自由意志和自觉意识，以期最终实现理性的回归。

Beyond the Branch, Turning to Interdependence
超越"体用",体察"互根" ■ 余世存

文明的记录和传播介质日益转向移动互联,万物相互连接的思想时见发明倡导,而互联网上仍充斥着戾气、仇恨和斗争。文化认同成为一个重要的命题,虽然前贤多有论述文化高于种族,而遵循何种文化模式为生仍困扰着当代的人类。

我汉语世界一度以"体""用"判断世界的关系,今天的汉语人仍多以体用看待古今、中外、雅俗、新旧,很少人省察此一思维与网络时代、英特纳雄耐尔极为扞格。迄今为止的全部互联网资讯乃至仍在丰富的网络世界,都建立在0和1的进位组合之上。所有的"上帝"、创造网络世界的编程师们知道,0和1非为体用,而是互根。这印证了中国先哲的教导,万物并育而不相害,道并行而不相悖。

现代中国转型初始的有关中西、传统与现代、有用无用一类的辨析,在某种程度上是一种时间性、文明阶段性的考量,今天需要加入空间性、文明局部性的维度。迄今为止的全部人类文化乃至仍在丰富的人类文明,都建立在时、空的进位组合之上。这种共生或向多维、高维之境的迈进状态,使我们每一个体享用或参与创造的文明福祉,是一种对有限时空的承认和超越。神州之外,更有九州;今世之后,更有来世。遗憾的是,网络时代的反动使更多人活在目光短浅的刷当下存在的状态里,对人生百年和天地自然失去了感知和参赞。

各大文明原创性的经典文化已经不再只以本体存在,而更多地成为当下本土之日用;今日人类各大文化之实践也不再只是其古典传统的效用,而是参与生成新的文明本体。吾人今日文化之体以共生和合的全球人类为根本,吾人今日文化之用以各地方全部历史积淀下的果实为装点。以经典为例,各大文明传统中的大经大典既退居为次要经典,让位于"人类情怀",又一同作为当代文明的重要经典,加持吾人,并解答人类情感认知的急迫性。

我中国文化曾以汉唐数百年的实践化合印度佛教文化,最近几百年来又在化合由希腊希伯来等古典文化孕育壮大的西方文化,未来还将化合阿拉伯文化,

吾人若有慧眼法眼，将悉见悉知后世大陆中国开结出日新又新的文明花果。对其他全球化下的亚文化板块而言亦复如是，它们都在也仍将吸收其他亚文化的体用，增富我们人类的文明，并一同迎接智能生命时代的到来。

天变地化，人成启蒙。启蒙既在发心，又在求放心，又在无所住而生心并能心生万有。启蒙一如救赎，一如开悟，一如涅槃，而实无众生得救赎、开悟、涅槃者。启蒙既在"悉皆供养承事，无空过者"，又在"受持读诵为他人演说"。启蒙是观乎天文，以察时变；观乎地文，以明物化；观乎人文，以化成天下。

这是文化的力量，其中亦见我中国文化的信心。天下之动，贞夫一者也。文化在政治、经济的霸道演进里以无为法，但文化于法，从未曾呈说断灭相。文化不绝如缕，文化命悬一线，但文化本自具足，文化乃0乃1，亦圣亦神。一如移动互联世界，文化在经天纬地，在明照四方。

The Future of Confucian Civilization

儒家文明的未来　■ 黄玉顺

儒家文明的自我完善机制，举其大者，是与社会历史时代密切相关的，根自儒学所举行的入世和与时偕行的秉性。

最大的"时"，就是社会历史时代的转换。以中国来说，王权时代的文明，是周公制作的礼乐文明。这个系统对于现代社会来讲是完善的。同样的道理，皇权时代的儒家文明是从汉儒到清儒特别是到宋明理学创造的文明形态。这个文明系统对于帝国家族社会的时代来说是完善的。但是对于数千年未有的大变局，就是第二次社会转型。之后的民权时代，社会系统是不完善的，是需要更新的，所以才会有洋务儒学、维新儒学、21世纪的当代新儒学。

儒家文明自我变革的开展过程，今天还没有完成。包括我们今天在座的儒者，继续在做这个工作。显而易见，儒家今天的历史使命就是再次自我更新、自我完善，完成自身的现代转型，创造民权时代的儒家文明。我特别想强调，这是生活的呼唤、时代的要求，任何原教者的态度都是不可取的，只会导致儒家文明自取灭亡。

今天我们面临着一个特别值得思考的重大时代问题——人类是否正在翻过现代这个历史页面？关于世界文明和全球文明，人类是否正在超越国族时代？这个问题和我们论坛的主题有密切关系。我们今天儒家文明要参与的新世界文明或者全球文明的建构，涉及时代转换问题。这一点，不一定每个人都意识到了。这个时代的转换是什么？现代是什么文明？西方主导的现代化形态，就是我们经历的国族时代。现代性意义上民族时代这一页正在翻过去，这是值得特别深思或者是亟待思考的一个时代话题。

起源于中东的以色列、巴勒斯坦和约旦地区的基督教文明，其后来的中心却在欧洲、北美，而且似乎还在继续转移。它在东亚、中国都有迅速的发展。起源于中国的儒家文明中心未来是否也会转移，甚至正在发生这个转移呢？我乐意思考这个问题。我们都注意到了波斯儒家的兴起，还有很多的美国儒家、欧洲儒家。他们未来的发展势头目前很难预料。我有一个判断，假如中国当今的儒家误入歧途，执迷不悟，那么儒家文明的未来中心就势必不在中国。这个人类的文明现象很值得思考、观察、研究一番。

我们当下要建构的文明，应该符合全球文明的期许。既不是现有世界不同文明的简单共存，更不是其中某个文明传统的独大。越来越多的有识之士意识到，文明冲突不应当是我们的正确选择。为此，人们倡导文明对话。这样共生共存的共同体，在坚守我们共同遵守的游戏规则。用儒家的话来讲，我们必须再次制礼作乐，建构一套全球性的"礼"。对于全球文明的建构者来讲，主体也不再是任何单个的帝国的文明传统，而是所有参与其中的各种文明传统。

这样的全球文明，不是任何形式的文明冲突可以达成的，只有通过在文明对话中的共建才能达成。今日儒家最大的历史责任，就是参与到为共建全球文明而开展的文明对话之中去。目前有一部分儒者流露出一种情绪化认知，以为儒家文明必将取代西方文明而独大，世界文明必将是儒家文明的天下。这显然是一种强烈的民族主义情绪。

试想，假如儒家文明谋求独大，其他文明如基督教文明、伊斯兰文明也谋求独大，结果只能是文明的冲突，带来一个争则乱、乱则穷的世界。

我们讲"和而不同"，强调的就是我们要"和"但是"不同"。要建构一个共同的游戏规则，共同的文明规则。儒家在这个共同的建构过程中可以发挥出建设性作用。

真正的对话不是争辩、争执、争强好胜，而是在对话中寻求共识。共识的产生，意味着双方超越各自的旧的主体性，获得新的主体性。如果对话的结果未能使双方超越旧的主体性而获得新的主体性，这样的对话就不具有存在的意义。唯有双方都有新的主体性的形成，才是具有存在意义的对话。

显然，为建构全球文明而展开的文明对话，需要人的情感、诚的态度，这是杜维明先生多次申明的态度。证之荀子主张"以仁心说，以学心听，以公心辨"，古今一理。今天，儒家文明要为全球文明做出贡献，首先要自我更新、自我完善，这正是儒家文明的一个基本原理所要求的——先成己，后能成人。

Confucius and Al-Farabi Have Similar Claims

孔子和法拉比的相似主张 ■ 萨里姆热诺夫娜

（Akmaral Syrgakbayeva）

我们可以看到，现在全球面临着很多不安的因素。我们不同国家之间对话又不同程度地面临一些问题。我们还可以看到，这种结构性的意识形态分歧正在不断占上风。

但是，我们还是应该抱有信心。我们这个世界文明的创建，能够为中国以及世界其他国家的不断发展贡献力量。我们最终的目标，是希望大家都能够得到快乐。在可持续发展研究方面，我们这个大学是一个非常重要的联合研究机构。我们自信，可以为这个世界的文明对话贡献力量，而文明对话能够为整个世界的可持续发展贡献力量。

中国是哈萨克斯坦的战略合作伙伴，而且我们两国之间的合作有一定的历史文化渊源。今天，我们哈萨克斯坦国立大学已经和中国的二十多所大学建立了互相合作的伙伴关系。

我们学校还是丝绸之路大学联盟执行理事会的成员。许多暑期的学校课程里还有国际论坛。比如说，"未来的生活""未来的领导"等话题，都曾在这个联盟当中来讨论。在这类活动当中，还有哈萨克斯坦、土耳其、中国、英国、埃及的学生，他们都有机会参与到思维碰撞中来，并且在"绿色的科技""跨文化的交际"以及可持续发展系列话题交流中贡献自己的力量。

就我自己的观点来说，孔子和法拉比有相似的地方。他们有些观点甚至是一样的。比如说，如果我们不改变自己的话，我们根本就没有办法改变这个世界。我们现在的主要的问题，并不只在经济危机、金融危机，也并不只在我们之间有政治观念的冲突，更值得关注和讨论的，是我们在毁灭人类意识方面的一些危机。比如说，我们可以看到，中国取得了经济和社会方面的很大进步，这些进步其实可以归结为来自中国人几千年以来的思维成果，这是基于孔子的思想理念建立的。我们可以看到，孔子思想的很多特点，在中国现代的生活现实当中有多方面的体现。第一个就是爱国、爱家乡，第二个就是要帮助别人，还有勤奋，有对知识的好奇或者是获取动力。还有互相帮助、诚实、坚韧不拔、遵纪守法，等等。除了这些正面的特点，那些负面反面的心理，是被批评、鄙弃的，比如说背叛人民、无知、懒惰、个人中心主义、不诚实，还有享乐主义、违反法律，对祖国造成破坏，等等。我们可以看到，在法拉比的想法中，也有这样的倾向性主张。

在这个社会之中，为政掌权的人应当有什么样的品质呢？这也是孔子和法拉比都曾考虑过的。他们认为，一个领导人应该是诚实的、公平的，而且外表上也是比较得体的。只有这样，人们才能认同、拥戴、服从他的治理。我可以在孔子和法拉比之间找到更多的相似之处，这里提到的，只是其中的一些而已。

从我们的生活之中可以验证，孔子和法拉比的很多基本观点都是正确的。具有这种精神性的起点，对于人生和社会来说非常重要。只有精神和道德价值能使人们团结，并且幸福。哈萨克斯坦总统纳扎尔巴耶夫提出一个建议——要注重发展人的精神世界，来提升整个国家民族的意识。我们有一个研究项目，就是讲有美德的城市和其中的公民应该是什么样的。

Bow in My Heart, Be Myself and Be Himself

谦卑我心，成己成人
古拉姆瑞扎·阿瓦尼

（Gholamreza Aavani）

在希腊的理性主义之中，我们是以动物性来定义人的，但是在《古兰经》之中，我们是以理性来定义人的。很多穆斯林的哲学家也接受了希腊式的定义，但是《古兰经》用了另外一个定义，而这些被其他的哲学家更多地接受，因为它表达出了一个非常清晰的概念，讲了自我的培养、自我的改变。

在所有的宗教之中，"净化"概念都很重要。在一切知识性的智慧之中都是如此，我们要净化自身，净化我们的灵魂，因为我们的灵魂已经受到了污染，我们陷入很多俗事之中。

在《古兰经》之中，洁净是第一位的，没有洁净的话，其他的都是不可能的。在《古兰经》之中，为了人最终的救赎，需要很多不同的条件，其中最重要的就是洁净灵魂。如果没有正信，就不可能有正行为。无一例外都是如此。

宗教有理论和实践两个层面，不能只有理论没有实践。这两个是必需的，也是宗教的两个主要构成因素，而且这两个因素不能分开。先知穆罕默德曾经说过，有些人根据所知道的去做出行为，而真主会教给他他所不知道的。因此行为也带来知识。知识是通过直观来获得的。

我下面要讲的是爱、谦卑、爱人类这些比较重要的美德。比如谦卑，谦卑是什么？那是不把自己看得比别人高。你是人，其他的人也是人。这个人类的属性，是在所有人中都彰显的。而苏菲派学者认为，所有存在的都是有自我的，必须有自我才能够存在。有几句《古兰经》的经文也提到了这些。

至少是在人类之中，我们会看到，如果没有谦卑的话，我们不可能成为真正的人。你之所以是人的属性，也在其他人的属性之中。当你知道这一点，你才能够对所有的人都心怀谦卑。

在波斯语中的"sour"，意思是自我。因为有自我，所以对他人有责任。在家政里面也是如此，你是自我，那么你怎样基于这个自我去培养跟其他人的感情，去协调跟其他人的关系？你们是兄弟姐妹，你是自我，那么你是如何与社区中的其他人互动的？你是如何作为一个整体的人进行互动的？这一种自我的认知是非常重要的。

在自我成长的路上，会有一些障碍。阿里是这样说的——人们在沉睡，然而当他们死掉的时候，他们却醒了过来。圣人则是醒着的。他是觉醒了的，而且他获得了完美的启示。在此生，他就已经得到了启示，其他的人都必须在死后才获得这样的直观。但是圣者在今生就能够达到完美的启示。他的重生并不是身体意义上的重生，而是精神上、灵魂上的重生。

就像苏格拉底一样，他是一个真正的哲学家。苏格拉底也是如此定义重生的。他说，哲学家就是生活，我的任务就是把其他人以属灵的方式生产出来。而所有的圣者，能够使其他的人来走在这样灵魂的正路上，正如阿里所说的，这是一种方式、一种道路。有了这一种道路，其他的道路就可以全部被移除。即使这一道路被除去，即使这个障碍被除去，能够有这样的直观，看到天堂，但是我现在的确定性也不能够被增加一分。

因此，真正的圣人在活着的时候就已经达到了对高级别的灵魂的转化和"成己"境界。有的时候，人会忽视，人会忘记，这是"成己"道路上的一个障碍。如果你忘记了根源，那么你就是忘记了自身。如果你忘记了真主，忘记了天，而真主是宇宙的原初的原则，那么你就忘记了自身。请允许我引用一下《古兰经》的话："有人忘记了真主，也就忘记了自己的灵魂，你们不要像他们一样，他们如果忘记了真主，忘记了天，那么也就忘记了自身，愿真主赐平安给你们。"

The Transformation of the Modern World and the Obstacles to Civilized Dialogue

和而不同的对话文明
■ 亚历山大·丘马科夫

（Alexander N. Chumakov）

西方文化和文明体系的发展，具有鲜明的外部特征。很重要的一点，就是希望能够去掌握自然的力量，还有自然的资源。为此，他们科技领域的进步非常迅速，同时也给环境造成了巨大的人为方面的压力。为缓解压力和解决矛盾，他们不断地去调整、变更社会关系。

对于东方来说，或者视野更广阔一点说，就是非西方的国家，他们可能更多地和传统以及文化上的延续性相联系。他们的发展特征也很明显，就是不去太多地干预自然进程，或者说是顺应事情自然发展的过程。

从大量事实中可以看到，在非西方国家当中，集体元素很鲜明，更多的是发挥集体主义的主导作用。在西方，可能更多的是个人的元素发挥主导作用。这也就是为什么东方人可能更多的是去适应现今的社会和政治环境，而不是像西方人那样去改变这样的一个环境。我们可以看到，东方强调的重点是文化，西方强调的重点可能是文明。

目前，主要由西方主导的现代化进程经过长期演进，出现了比较复杂的局面，出现了很多全球性问题。西方世界的人们能够充分地认识到现今世界问题的严重性和复杂性吗？我的观察是——

首先，对于西方世界尤其是欧洲，他们其实并没有充分认识到当今人类文化和文明体系当中的一些非常重要的不同。西方人生活的环境，他们的周边，他们需要打交道的世界，是大有不同的一些文化或者说是文明体系。这和他们自己的文化和文明体系是有显著区别的。但他们并没有充分认识到这些区别的重要性，更没有充分认识到现今全球的一些趋势或者是改变的意义。正是这些全球的改变和趋势，让不同国家和地区更主动地打开自己的大门，进入世界潮流。有的时候，他们甚至不愿意承认他们的一些思想，比如说自由主义、多元文化、包容主张等等，也应适用于不同文化或文明。在和其他国家或者是文明进行对话和交流的时候，他们不仅和不同文明有相当的距离，甚至和自己也已经渐行渐远。

当然，我们并不是要否定他们的一些基本理念、精神意义的价值，比如资本主义、人道主义，还有人权，包括保护动物的权利，还有多元文化主义、包容主张等等，这些都有巨大的价值和进步意义。但是我们也不能忘记后起的马克思主义，不能忽略20世纪末的时候发生在世界上的重大历史事件。马克思以人为本的导向，趋向于社会主义的理想，都非常地美，但是最终没有经过残酷现实和历史的考验。

我们观察当前世界，无论是整体角度还是碎片化的角度，都可以看到区别明显的不同文化和文明体系。我们之前把这种现象叫作独立的文化或者是文明。我们还可以看到社会冲突、社会动荡和重组，看到所谓的"颜色革命"。颜色革命不仅是偶然发生的政治事件，同时也是必然发生的文明事件。真正的现代文明特质，在我们不同的文化和文明体系的交流或者是碰撞中，已经是变得越来越清晰。

如果我们把刚才说到的这些因素都考虑进去，今天这样的一个全球化的世界，理性观点、智慧需求和文化文明之间的对话，是建设性地化解矛盾、促进乃至确保国家和全球层面上社会均衡发展的唯一可能。这将要求不同文化或文明都首先自觉地注意消除自身的局限性。

其次，这种基于文化的建设性的对话，从效果上看，需要循序渐进。我们不能够一开始就对跨文化对话期望太多，不能期望仅仅靠这种对话就能够让不同的文化同步跟进。从理解不同到协力同行，将是一个漫长的历史过程。但是又不能太悲观，不能因为目标遥远就不愿起步。

文化经常给我们讲的就是个性，文明引导我们趋向共性。保持个性，趋向并维护共性，应该就是人类文明最核心的发展要求。我们可以看到，互动群体文明发展的程度越高，这种文化或者是文明上的对话就越富有成效。

Six Evolutionary Forms and Functions of Religion

宗教的六期进化形态和功能

■ 康白情

宗教是从人类底弱点自然产生的，他底根本建筑在人类的弱点上。那么宗教底生命，直将与人类底弱点共其存亡。人类最大的弱点莫过于愚昧。他底知识虽逐渐进步，而终究不能开发愚昧底万一。就是：开发了一层又现出一层，开发了一层又现出一层。他为他底生活向上起见，生来便有种种欲望。这些欲望迫于感情的冲动，绝不是知识所能主宰的，不过略受相当的影响罢了。庄子说："吾生也有涯，而知也无涯。以有涯求无涯，殆已！"这实在是大自在大解脱的知识。但庄子自己却那里能忘情于智识？他要真不留笔迹在人间，便可算澈底了。毕竟那里能？归纳起来，人类唯一的、究竟的欲望是求快乐，而求快乐又有两方面：积极的求快乐，消极的避苦痛。他在最初纯是一团愚昧，由智识底进步而欲望也随着进步。求快乐底感情是希望，避痛苦底感情是恐怖。由欲望和感情的冲动相伴而生宗教的意识。于是就知识进步影响于宗教进步的，得分过去宗教底进化为六个有等差的时代。

（一）原始的拜物教。这个起原得最早，或者在二三十万年前石器时代便已经有了。这是人类最愚昧的时候。宗教底本体是人，他底对象必是人所惊奇而不能解的东西，至少总比人要大些。人遇着这种惊奇而不能解的大东西，便不觉不胜恐怖，或者偶然和他们底祸福相撞，更足以增加他们底恐怖。于是不知不觉，便会于下意识的心理状态之下，由直接经验而生神秘的倾向。于是绝端信仰那样东西，便以他为崇拜底对象。小孩子底文化程度恰等于野蛮人，我们回想小孩子底时候，把甚么东西都看作和人一样有知觉的，便可以想见野蛮人底精神生活了。我们再回想小孩子底时候，以下雨为天哭，以打雷为天怒，以阴霾为天愁，便可以想见野蛮人崇拜天底观念了。《诗经》："何辜于天？我罪伊何？"因为天比人要大些，是很可恐怖的。又说："十月之交，朔日辛卯，日有蚀之，亦孔之丑！"又说："不宁不令，百川沸腾，山谷崒崩，高岸为谷，深谷为陵。"因为天变也比人要大些，也是很可恐怖的。《论语》上说："与其媚于奥，宁媚于灶。"因为奥和灶都比人要大些，都是很可恐怖的。我曾在泰山日观峰亲见两个日本人念咒拜太阳，都是拜物教底遗型。我们再回想小孩子底时候，偶触一个石头伤了脚，便把那个石头一掷，其实也有拜物教底背景。我们所以敢掷他，不过因为他比我们小些，无足恐怖罢了。

（二）暧昧的二元论。智识稍进步，却不十分进步，便模模糊糊地认识身心是两件东西。块然的天然现象，已知道是没有生气的了。但总相信在块然的天然现象以外还有一种灵魂。在这个时代，人类底欲望一味随着智识稍进步。他们一方面仍是恐怖比人要大些的东西，一方面却希望自己灵魂不灭。并且家族制度既成立，社会逐渐稳固，同情愈发达，于是孝子希望祖宗底灵魂不灭，成功祖宗崇拜。同时又希望子孙发达，惊奇于阴阳之理，于是崇拜图腾，崇拜太极图，崇拜皇天后土种种。同时又不能不推而承认一切东西底灵魂，杂以祸福趋避底观念，于是妖精崇拜、偶像崇拜、符箓崇拜种种便跟着起来了。《诗经》说："蝃蝀在东，莫之敢指。"这是认识天地有性别的，比原始的拜物教大有高下了，可以说是进步的天然崇拜。

（三）多神教。智识再进步，以前的劣等自然教又不足以餍足欲望了。于是高等自然教应运而生，或成功神话的宗教。中国中流的道教，也产生在这个时代。五方五帝，就是宰制诸天底神。更在人鬼之中，进一步选其在生有功于人的，奉为各种事业底神，如谷神为神农，蚕神为马头娘，姻缘之神为月下老人种种。在恐怖一方面，他们固为着祈福，而在希望一方面，其狡黠之徒，又未尝没有吃冷猪肉的野心！至于星相、堪舆、扶乩种种数术，也当和多神教相应，把自然的宗教应用到人事上去，已经和准伦理的宗教很相近了。

（四）准伦理的宗教。宗教底进化，是由自然的趋向伦理的，由多神的趋向于一神的，乃至于无神的，由愚昧最多的趋向于愚昧较少的，由纯感情的趋向于意志成分渐多的，实在就是人类自觉逐渐扩大罢了。在自然的宗教里，只可以说他是人和神这个东西底关系，其支配道德行为底意识还很薄弱，其价值很有限。智识更进步，统一的观念愈发达，于是认识唯一无二的上帝。以上帝底意志，定几个道德条件，作为人生信仰，而以种种隆重的仪式为行为底制裁，其精神全是形式的，和纯伦理的宗教相去正远。《诗经》上说："上帝临汝，勿贰尔心！"正见这种精神。如婆罗门教、犹太教、回回教种种，都属于这段阶级。中国进步的祖先崇拜，其隆重的仪式正多，如三年之丧、祭礼、冠礼、婚礼种种，都是用来规定行为底形式。家龛这个东西，更比甚么仪式还隆重。至于他底道德条件，在积极方面只有一个孝，而以孝演绎到一切行为。孟子说："不孝有三，无后为大。"《礼记》更把事君不忠、莅官不敬、朋友不信、战阵无勇种种，都归纳到不孝里。至于《诗经》上说："谁其尸之？有斋季女。"那更是他形式具体的表现了。

（五）他力的宗教。纯伦理的宗教，都是出于自动的。其宗教不在乎外部底仪式，而在乎内部底精神。这是智识更进步，意志成分掺杂得更多底结果。耶稣说："上帝是一个灵，所以他们崇拜他的要在灵和真理里崇拜他。"在这里，自觉又明白得多了。但他再可以分为自力的和他力的两种。他力的宗教还要藉身外一件东西来做对象，表示意志还不算大强。耶稣教倚赖上帝，墨家遵从天志和人鬼，净土宗念佛，儒家信托祖宗，都是一个道理。中国天然的国教是祖宗崇拜。儒家集先圣先王底大成，实在是祖宗崇拜底嫡派。但根据于中国底国民特殊性，儒家以时之圣相号召，最善于适应环境，他们底宗教也就与时俱进，所谓尧舜禹汤文武周公都是儒家。他们拜天底观念很薄弱，不过偶然不得已而用之。《泰誓》说："天视自我民视，天听自我民听。"可见得他早不承认除了人心以外还有一个天。又说："商罪贯盈，天命诛之。予弗顺天，厥罪惟钧。"更可见他们是把这个当一种愚民政策。至于他又说："呜呼！惟我文考，若日月之照临，光于四方，显于西土。惟我又周诞受多方。予克受非予武，惟朕文考无罪。受克予，非朕文考有罪，惟予小子无良。"这却是诚心诚意发挥孝道了。惟其岳飞背上刻了"精忠报国"四个字，所以"莫须有"三个字可以成狱。这都是以他力的宗教支配行为的。

（六）自力的宗教。他力的宗教，确信有神这个东西。自力的宗教，却假定有神这个东西来信仰。他力的宗教，看神这个东西是人做不到的，如耶稣教最多做到瑜伽，使神人冥和，却不能使人是上帝；自力的宗教，释迦牟尼假定一个涅槃，却是人人都可以做到的，不但人人都可以成佛，甚么东西都可以成佛。《法句经》说："自净其心，是诸佛教。"甚至于有罪的人，也一转念便行了。如广额屠儿在涅槃会上，放下屠刀，立地成佛。又如孔子底法天合道，都是以为人人都做得到而不假外求的。宗教进化到这里，差不多形式快会脱尽了。不消说他有很热烈的感情，而更有很坚强的意志。这是明知明昧没有神，却假定一个来安慰我们自己的。这种事实，当然在现代已经很普遍。就目前说可以说他是宗教最后的进化了。

从这六个时代看来，可见宗教也是进化的，并且他为应人类进化底要求，随时增高他底地位和价值。科学满足人类底知识，他却满足他底感情，辅助他底意志。凡足以满足我们底欲望，是人类生活向上的东西，我们当然承认他是善的，是道德的，当然要许可他存在。人类生活不止知识一面，并且我们知识底欲望无穷，每每求到究竟，又非科学所能答复，那么为安慰感情起见，虽各人知识底等差去奉行一种宗教，是勿须我们反对的。并且宗教底形式不一，意义也有种种。我们一定要破坏旧有的一切宗教，势必要教他们来跟从我们。当不是我们又成了一种新宗教了么？即使我们废弃一切假定，或者不是宗教，但我们底感情不能安慰，生在世界上有甚么趣味？因此我决定宗教有存在底价值。

并且人类尽管进化，他底智识尽管进步，而他所经历宗教的经验乃至于一切经验，全在他气质里还刻着层层的痕迹。我们是第六期底人，或者信仰第六期宗教，或者没有宗教，或者进而信仰将来第七期宗教，平时自然和当代的空气相容了，假使偶然遇着特别的机会，竟可以发现第五期、第四期以至于第一期底信仰。在第五期或第四期的等等，也可以类推。例如我们中国人大体是主张无鬼论的，但我们家里却无不有家龛供着祖宗，难道我们独承认祖宗有鬼么？又如诗人在修辞上应用拟人法底时候，常发见拜物教时代底感情。周作人教授底《小河》，胡适教授底《秋声》都写出草木说活，难道他们不知道草木不能说话么？……又如我自己，我自幼便读过《无鬼论》，至今也不奉宗教，但有一次我底妈病笃了，我们弟兄姊妹服伺了几个通夜，病更加紧，我和我底二姐再想不出法子，便忽然得一种感兴，于是我们俩秘密商量做了一道文书，暗地烧在灶前，祷告玉皇各愿灭寿一纪，以益母寿。当夜她底病就松了，再过三四天就痊愈了，我们暗暗称奇。后来仔细一想，才自己好笑。难道我们真的信仰下流道教么？他如孔子修《春秋》绝笔于获麟，就是拜物教的感兴？再如敬奉国旗，就是图腾崇拜的遗型？甚至于如最近克鲁泡特金死了，广东一般信仰无政府主义的为他开追悼会，更觉不伦不类。这些例不胜枚举，都是迫于感情冲动，非这样做去不痛快的。我们于必须痛快时，便求其痛快好了，又何必顾忌知识，使我们皇皇不安呢？那么一个人或一个民族同时含各级文化不同的宗教气质是无大妨碍的。因此我决定对于各级文化不同的宗教，都该让他们自生自灭。

中国有不立名目举国一致的国教，就是祖宗崇拜，前面已经说过了。中国民族天赋一副笼统的脑子，善于调和，所谓"有容德乃大"，成了万古常新的金科玉律。中国至今没有个人的宗教，所有能存在的都是社会的。中国家族制度成立以来就有祖宗崇拜，至今经过很多的进步而根本还没有改，这是要和家族制度共其存亡的。拜天专是皇帝底事，差不多和众人没有关系。因为皇帝是天子，他拜天是当作祖宗崇拜的。中国国民性既富于容德，所以从有祖宗崇拜以来，一直经历四五期进步，而各期宗教的精神还能同其存在。他不但能容本身昨日今日在一起，又能和他教相容。所以外国所有的宗教到中国来都能出售，而他们都要变颜色。所以在有清下半叶竟盛行三教归一论，甚至于他们拜人鬼底时候也不分畛域的。例如世俗所供底淫辞，如女祸〔娲〕氏蚩尤大帝种种，都不是汉族的。惟富于容德，所以无争。惟其无争，所以没有人能和他争。惟其没有人能和他争，所以他底势力确乎其不可拔。三四年前，大家闹国教问题，都只是政党争权利底政治作用，算不得争宗教、争信仰。其实就定孔教为国教，于儒家绝不会多，不定他为国教也绝不会少。因为勿论怎么样，祖宗崇拜还是在社会上存在自若的。我看中国绝不会起宗教战争，任何外国的宗教，也天然不能在中国法治，或者他们能带些和中国国民性相合底好风俗习惯来，其不好的当然会消极反抗转去了。因此我决定外国在中国底宗教都不必扑灭。

……

大抵一种宗教，其创始总有些好处，愈到末流，其弱点愈多。我们既认宗教有存在底价值，便不可不随时创造新宗教。现世界很有创造新宗教底必要。就是劳农俄国那种宣传布尔塞维克主义底形式，也就和宗教无异。我相信无论个人、社会，要是他没有信仰，绝不会给他成功甚么事。就现有的种种宗教看，就是第六期宗教，也不能使我们满意。因为他们所假定底对象虽然在我，却还不就是我，于是他们易流于崇拜活偶像。有人诋绝端欧化主义的为崇拜洋偶像，其实偶像之中尽有等差。崇拜洋偶像虽不必就比崇拜土偶像好些，而洋偶像之中总必有好的，和土偶像中有好的一样。我们要让人人都思考一遍才加信仰，不但事实上不可能，就为社会底能力也不经济。不过社会上不可不随时保留着一种批评，看那些偶像该不该崇拜罢了。第六期宗教互立宗派，入主出奴，消磨社会底能力不少。假使将来有新宗教被创造出来，必会是唯我的宗教。这种宗教，要完全建设在自觉上固不待说，而其所信仰底上帝更不可不就是我，就是除开我以外更没有上帝，我自己宰制我自己，同时也为宇宙底中心。我自己有崇高的人格，我底人格自然会启示意我往伦理的路上走，他底容量最好是无限大，不然便宁肯等于零。《大学》《中庸》底方法是取无限大的。谟罕默德说："不奉吾经典者受吾刀剑！"这却是等于零的。两种底究竟目的全是一样。我想尼采底超人哲学，至少要在这种宗教里占位置。这种宗教以人为本位，而调和于大我小我之间。他更以通过科学和艺术为成立底条件，不以恐怖和希望为信仰底条件，而仅依据于无所为的爱。我期望他将来能成一种替代一切宗教底宗教。

附注：

1921年3月17日，康白情自美国写信给魏时珍，专谈宗教问题，该信发表于《少年中国》第3卷第3期（1921年10月）。该文系该信节选，题目是编者所拟。文中非人称代词如"他"、连词如"底"等当时用法，皆予尊重，未擅加改动。摘自《〈少年中国〉通信集》，海峡出版发行集团／福建教育出版社2015年11月第1版，第309—315页。

明日中国之文化

■ 张君劢

吾族立国东亚,已垂三四千年之久,而近数十年来,有岌岌不能自保之势;是吾族文化是否有存在于今后之价值,乃当前之大问题也。自鸦片战后之对外失败观之,吾族文化,在学术上、政治上、技术上,无一事堪与外人并驾者,乃有变法与革命之举;此西化之说所以日昌也。……最近以效法外人而无效之故,有提倡中国本位文化或复古之说以抗之者。

未来政治学术艺术之新方向

今后文化之各方面,如政治如学术之改革,其根本问题,在于民族之自信心。民族而有自信心也,虽目前有不如人之处,而可徐图补救;民族而失其自信心也,纵能成功于一时,终亦趋于衰亡而后已。或曰:民族对外成功之日,自信心自易于确立;对外屡次失败之余,虽日日叫喊自信心,有何用处?

……

然秦后之两千年来,其政体为君主专制,养成大多奴颜婢膝之国民,子弟受大家族之庇荫,倚赖父母,久成习惯。学术上既受文字束缚之苦,又标"受用""默识"之旨,故缺少理论学上之训练,而理智极不发达。此乃吾族之受病处。而应有以补救之者。凡图今后之新文化之确立者,宜对于此总病根施以疗治。若但曰科学救国也、实业救国也,或曰德谟克拉西救国也;但表示其欣羡欧西今日之优长,而于此优点之所由来,未加深考焉。吾人以为今后吾族文化之出路,有一总纲领曰:"造成以精神自由为基础之民族文化。"

所谓以精神自由为基础之民族文化,其意义应分析言之。

精神之自由,有表现于政治者,有表现于道德者,有表现于学术者,有表现于艺术宗教者。各个人发挥其精神之自由,因而形成其政治道德法律艺术;在个人为自由之发展,在全体为民族文化之成绩。个人精神上之自由,各本其自觉自动之知能,以求在学术上政治上艺术上有所表现;而此精神自由之表现,在日积月累之中,以形成政治道德法律,以维持其民族之生存。故因个人自由之发展,而民族之生存得以巩固。

此之谓民族文化。

或疑精神之自由之说，与物质生活之注重相冲突，容俟下文论之。

若疑精神自由之侧重于创新，谓为与旧文化之保存不相容者，吾则有以答。国人在思想上以孔孟之经籍为宗，在政治上有专制帝王，在宗教上有本土之拜祖先教与后来之道教、印度之佛教；如此种种，可名之曰传统。在此传统之空气中，各个人精神之自由，即令有所表现，亦必托之于孔孟之名；在艺术家有所谓仿米襄阳，或临王麓台之笔法。吾以为今后此等遗产中之应保存者，必有待于新精神之发展；无新精神之发展，则旧日传统亦无由保存。何也？旧传统之不能与欧西文化竞争，证之近百年历史已甚显著，今后必须经一番新努力，以求新政治之基础之确立，而后旧传统反可因新努力而保存，而不至动摇。否则新者不能创造，而旧亦无由保存。此言今后文化者所当注意之点也。今分述精神自由与各方面之关系。

一、精神自由与政治

第一，政治方面。君主政体之下，国民之于纳税当兵也，曰法令所在，不敢不从；其从政时之守法，亦曰法令所在不敢不如此。假令国民之义务、官吏之守法，完全惮于政府之权力，而不敢不如此，此乃命令下之守法，命令下之道德，而非出于个人精神上之自由也。吾国人之立身行己，与乎处于政府之下，皆曰有政府之命父母之命在，而不觉其为本身应有之责任。此命令式之政治，命令式之道德，与夫社会上类此之风尚一日不变，则人之精神自由永不发展，而吾国政治亦永无改良之一日。何也？个人之生活，不离乎团体，不离乎国家；团体国家之行动与法律，所以保护个人；个人各尽其力，即所以维持团体。故其守法其奉公，皆出于个人固有之责任，以自效于团体之大公，而非有惮于他人之威力也。此自动之精神不存在，即责任心无由发生；而求知如西方人之于自己工作、于参与政治、于对外时之举国一致，皆能一切出于自动不以他人之干涉而后然者，吾将何以致之乎？

吾人亦知各个人之自由，非在衣食足仓廪实之后，不易说到；各个人在寒无衣饥无食中而谈精神自由，犹之缘木而求鱼。然西方正以其尊重个人自由之故，在昔日有所谓救贫法，在今日有所谓劳动保险；可知惟其尊重个人自由，乃能为人民谋衣食。与衣食既足而后，人民自由亦易于发展之说，初非背道而驰。

西方因尊重各个人自由之故，自法国革命以来，乃有自由平等之学说；其在宪法上，则有生命财产言论结社自由之保护。且为公民者，皆有参政之权利；一切设施，无不以民意为前提。各国公民于选举之日，不惜奔驰半日以投一票者，诚以其自知责任之重大也。其为政治家者，大抵胸有成竹，不以一时之挫折，而遽灰心；故胜者立朝，败者退位，而功罪是非，亦易于分明。及至对外战争之日，政府以国难二字相号召，人民皆踊跃争先以赴之。即其平日相反之政党，亦以一致对外而息其争端。此乃西方民族国家立国之要义也。

吾国自鼎革以来，亦行所谓选举，卖票也，买票也，假填选票也，与夫总统之贿选也，皆为社会上共见共闻之事。此以国民中之各个人，不知有其自身之价值，不知自身之人格，安望其于参与选政之日，忽将其独立个人，从而表现之乎？几千年来，人民受统治于帝王，政治上之工作，等于一己之功名；故有意致身于显要者，争权夺利，无所不至。今且移此旧习于政党之中，名为以主义相结合，而实则犹昔日之相倾、相轧，各自为谋也。本此习惯以形诸政治，而望中国有好选民与好政治家出现，我不信焉。此精神自由应表现于政治者。

二、精神自由与学术

第二，学术方面。学术之目的，虽不离乎利用厚生，然专以利用厚生为目的，则学术绝不能发达；以其但有实用之目的，而缺乏学术上游心邈远之精神自由也。希腊学术之发端，哲学家名之曰出于好奇心。好奇心者，以其见某种现象之不可解，乃思所以解之；至其有益于实用与否，初非所计。人类因有思想有智识以解决宇宙至秘奥为己任；但若以有用无用为念，则精神之自由必不能臻于高远与抽象之境。吾人鉴于希腊时代苏格拉底之自信其学说，至于以身殉之；又见乎加利雷之自新其地动之学说，至于大为教会所责罚；可见欧洲人为真理而奋斗者何如，初不仅以其有益于人生日用而后为之。此乃所谓精神上之自由也。若夫利用厚生者，乃学术之结果，而非学术之原动力。既言学术，则有学术上之规矩；如论理学之规则，数学上之规则，此为一切学术之基础。近年更有所谓试验观察，以为证实之用。怀悌黑氏（Whitehead）有言曰："吾人之思想，一方要求发展之自由，在他方则又能自守一种规律。"即是此意。此论理学等与学术上之实用相去甚远，而一切学术则由之以出者也。

抑一国所以贵乎有学术者，有时指示方法，如论理学；有时指示内容，如自然科学社会科学即哲学等。自然科学也，社会科学也，哲学也，皆能对于人生示以生活之标准，即曾文正所谓"义理"也。吾国两千年来，以困于文字之故，专以考据为事；惟宋明时代少能从事于义理之学，为元明清三代立生活之准绳。今日除创立"新义理"外，无可以餍学者之求智欲，而定社会生活之秩序。此尤吾国人所当急起直追者。否则以国内思想界之空虚，青年辈惟有求之于苏俄与意大利矣。

学术上多数问题，往往有不关乎实用，而学者不能不加以研究者，如天上星辰，地上地球之构成，人种之由来，文化之由来等是。欧洲人一方严格受学术规矩之支配，设为种种界说以研究之；他方则辅之以想象力，以进于无限之乡，而后古生物学人种学乃能成立。若仅以实用为范围，则此种学说可以不必研究，而一切高深学术何由发展乎？

上文所言，皆与政府保护人民思想自由之原则互相关联，此为当然之问题，无待陈说。但就学术发展之要素言之：必人民对于宇宙内一切秘奥，认为负有解决之义务，一也；学术之发展，在乎思想上自受约束，而守伦理学上种种规矩，二也；学问家不可无高远之想象力，三也。此精神自由之应表现于学术者。

三、精神自由与宗教

第三，宗教方面。佛回耶等教，皆先有创教人，而后宗教乃能创立。自表面言之，今日之人民，坠地之初，已受宗教之包围，故在信仰上无自由可言。然自欧洲之宗教革命言之，可知信仰自由，不关于宗教之已存在与未存在，而应以良心上信仰之真假为标准。宗教之信仰，诚以精神之自由为前提，则真正之信仰不应为多元的。信奉佛教者，不能同时信奉道教；信奉耶教者，不必迁就拜祖先之习惯。若居于天道主义（Deism）者，不信有所谓造物主如耶教之所云，而以"道"为创造万物之主，如儒道两家之所言，亦未尝不可认为一种宗教。欧洲十八世纪有所谓自然宗教，即为此类。德国大诗人歌德氏自居于不信耶教者，然信宇宙之间有所谓"道"则一焉。凡一人但属于一宗教而同时不属于他宗教之习惯不养成，则此国中虽谓其无真正宗教之信仰可也。凡为宗教，不外乎神道设教之义。为维持其宗教上之尊严计，其代神说法者，应有丰富之智识与尊严之仪表，然后能引起人之注意。欧洲之耶教、天主教之教士，态度和蔼，智识丰富，绝非吾国……所可同日而语。就吾国寺庙观之，即其仪式已不完全，尚何精神可言？诚欲改革之，应从一人一宗教下手；信仰既真，则僧道习惯自随之而改。此精神之自由应表现于宗教者。

四、精神自由与艺术

第四，艺术方面。就艺术言之，似乎吾国不必有所学于外人。然欧洲艺术之特长而为吾国所无者，往往而有；以欧人游心于无限之境，其所超境界，往往为吾人所不及。如诗歌长篇作品，但丁之《神曲》，歌德之《浮士德》，吾国诗文中无此体裁与意境也。至于雕刻建筑音乐戏剧，常有人焉就其民族心灵之深处而体味之，而表而出之，故亦常在日新月异中。其他为西方所有，吾国所无者，尚不可胜数。吾国人苟在此方面继续加以努力，则除旧日成绩外，应有新领域之扩张与新创作之表现。此精神自由之应表现于艺术者。

五、精神自由与其他

以上各节中，吾人立言之宗旨，或有疑为侧重于个人自由之解放，而忽视全民族者。此其所云，与吾人宗旨正相反矣。个人自由，惟在民族大自由中，乃得保护，乃能养成；民族之大自由若失，则各个人之自由亦无所附丽。所谓政治学术宗教艺术，皆发动于个人，皆予个人以发展之机会，而同时即所以范围个人，所以奠定民族之共同基础；故个人自由之发展之中，不离乎大团体之自由。惟有在民族大自由巩固之中，而后个人自由始得保存。此又吾人双方并重之旨，不可不为国人告者也。

吾人注意于精神自由，自与唯物论者之偏重物质者异。一般人之所见，以为吾国所缺，在乎自然科学之发达，在乎实业之发展，在乎军事上之防御，以为此数方面尤为重要；故应先图振兴实业，先图增加战斗力。然吾人自欧洲科学发展时求之，其始也，有地动之说；继也有物体下沉之公例；其后乃有奈端之公例。一属于天文学，一属于物理学，其创始人但知探求真理，初无足食足兵之实用目的存乎其间；及十八、十九世纪以后，生理学化学物理学渐次昌明，蒸汽机造成后，而后科学之应用乃推及于工商，可知诚能培养国民探求智识之原动力，则其应用于工商与军事之效果，自可随之而来；若但以物质为念，而不先培养科学精神之来源，如此而谓能发达科学，能发达工商实业，能巩固国防，吾未之见也。

其次则有复古与创新问题。近年国内以外国学说之屡经试验而无成功，于是有提倡复古者；亦有以对外之失败为增进国民之自信力计，而出于复古者。吾以为复古之说，甚难言矣。同为儒家，有主宋学，有主汉学；汉学之中，或主古文，或主今文，或主郑玄，或主王肃；宋学之中，或主程朱，或主陆王，其优劣得失可以不论，要其不能对于现代之政治、社会、学术为之立其精神的基础一也。若复古之说，但为劝吾国人多读古书，阐发固有之道德，其宗旨在乎唤醒国人，使其不至于忘本，此自为题中应有之义，与吾人之旨本不相背。若谓今后全部文化之基础，可取之于古昔典籍之中，则吾人期期以为不可。自孔孟以至宋明儒者之所提倡者，皆偏于道德论。言乎今日之政治，以民主为精神，非可求之古代典籍中也；言乎学术，则有演绎归纳之法，非可取之于古代典籍中也。与其今后徘徊于古人之墓前，反不如坦白承认今后文化之应出于新创。

且一时代之社会，自有一时代之哲学为其背景。吾族今日所处之时代，所遇之邻国，既与昔异，除吾民族具有一种勇气另辟途径外，别无可以苟且偷生迁延度日之法。其在政治上，当有卢梭陆克辈之理想，以辟政治上之途径；其在哲学上，当如笛卡儿及康德辈以立哲学之系统；其在科学上，当如加利雷、奈端、达尔文之勇于探求真理；与夫十九世纪初年德国科学家于各方面之努力。诚能如是，则新文化之基础，自不难于成立。有此新基础，国民对于祖宗之遗产，有增益而无消费，其崇敬之心，以有增而无减。所谓于创新之中，以求保存之法者，即此义也。不观德人乎，在科学哲学上时有发见，而对于陆德、歌德、俾士麦等，未尝少减其崇拜。英人之科学哲学同在创新之中，而米尔顿、莎士比亚与夫休谟、穆勒之书，未尝不家喻户晓。可知在日新之中，而古者亦自能保存。换词言之，在创造之中，则继既往而开将来，自能出于一途也。

新文化之创造，亦曰对于国民生活之各方面，如政治，如学术，如宗教等等，指示以标准，树立其内容；先之以言论，继之以事实；由一二人之思想，以成社会之制度。欧美十六七世纪以降之文化，即由兹以成；而吾国今后之途径，亦不外此而已，亦不外此而已。

附注：

1934年，张君劢著《明日之中国文化》一书，其中部分内容来自其在青年会所讲"中国与欧洲文化之比较"专题。该文系该著节选，题目系原有，摘自《张君劢先生九秩诞辰纪念册》，中国民主社会党中央总部印赠本，第120—133页。

▪ Human Civilization：Theory, History and Collision

人类文明：理论、历史与碰撞

——近期出版的人类文明类书籍选介

■ 刘苏里

从历史的政治事件研究，转入文明、文化研究，是最近百年特别是最近半个多世纪的趋势。很多学科卷入其中。

20世纪80年代中国大陆的文化热，不是本文介绍的文化意义上的文化热——它跟检讨自己的过往有关。越卅年，中国大陆重新兴起文明、文化热，才真正跟世界的问题意识接上了轨道，这里的大背景，是我们发现，认识周边世界（也就是其他文明）是认清自己的前提。换句话说，如果我们只在自家井里打转，最多只能是自得其乐。

认识世界，认识自己，观念倡导先行，历史研究先行——这是我们最近一些年看到的景象。时间不长，但已有了积累。按照下面介绍的罗伯特·凯利的说法，整个人类处在"第五次开始"的开端，何去何从，恐怕还得靠人类自己。而人类要立得住，恐怕更不能缺少拉塞尔·柯克主张的"回到信仰的源头"。

下面介绍的几本书，都跟文明、文化的演进、迁移、交流有关。几种延伸阅读物，也是为了扩展读者认知的视野。

《文明史：人类五千年文明的传承与交流》
[法]费尔南多·布罗代尔/中信出版集团 2017年10月

读者都知道，布罗代尔是年鉴学派第二代宗师，也是年鉴学派史著、史识集大成者。他的巨著《地中海史》《资本主义史》《法国史》（均简称）名满天下。坊间流传佳话，如果设立诺贝尔史学奖，第一获奖人非他莫属，真可谓名不虚传。

原本《文明史》是一本写给法国中学生的教材，未被采用，不经意成了经典，使读者有机会饱览布罗代尔有关文明演进的思考。在这本巨著中，布罗代尔将其带有浓厚历史哲学味道，即有关人类历史长时段、中时段、短时段的史识，发挥得淋漓尽致。请记住，这不是一部世界史，而是地地道道的文明史。作者笔锋所触，涵盖了文明或者说文化的"全部内容"。

面对这浩如烟海、一言难尽的巨著，我只能说，如果你想进入人类文明史领域，领略其中的丰腴与残酷，《文明史》真的是不二之选。对此，我只举一个例子——总览全局，要有支架，支架组成结构。布罗代尔《文明史》结构的四个支点，分别是地理学、经济学、社会学和集体心理学。引人瞩目的是地理学，令人意外的是集体心理学。这里，读者只需知道，按作者自己说的："这些结构通常都是历史悠久、长期存在的，而且它们都是各具特色、与众不同的。正是它们赋予了文明基本轮廓和典型特征。"而面对规定了历史发展结构的各个特征，具体到每一个关键历史时刻，"至关重要的是抉择"！对，抉择。抉择，决定了短时段甚或中时段的历史走向，关乎千万人的福祉，以及政治共同体的命运。

《第五次开始：600万年的人类历史如何预示我们的未来》[美]罗伯特·L.凯利/中信出版集团 2018年7月

下面几句话，是我给这本书写的"推荐语"："一本鸟瞰之书，作者以极短篇幅，用科技、艺术、文化、国家、文明共同体五个关键词，让六百万年的人类历史尽收眼底。一本激情之作，作者发挥考古学专业素养与小说家修辞功夫，把故事讲得激动人心，对人类未来充满期盼。一本大历史哲学之书，处处散落着作者面对悠长人类历史的极目远眺、深沉关切之哲思。"

这几句读书体会，比较重要的是"未来"这层意思。以往的考古学家，比较注重过去，较少关切未来。而该书作者写得清楚——"我想理解过去，这样就能帮助创造未来。"凯利回顾了人类六百万年走过的路，插下四个路标，标示出他说的四次大转折。他认为，今天，我们又站在了第五次转折的路口。

这不是一个简单的预言。凯利认为，第五次转折已经开始，就是全球化对民族国家疆界的冲击。人类能否因此走上环球同此凉热的文明共同体大道，端赖对人类进化进程的干预。作者真是太乐观了。更加可能的情况是，他把某种苗头看作未来的趋势。事实上，人类今天的步伐，正在向重新划定各种边界迈进，从身份认同到贸易对等原则，从主权界标到共同价值的重估。这一切，都因为以民族国家为单位的政治共同体，步伐节奏不仅不一致，甚至在基本价值上都无法取得共识。

但《第五次开始》的价值，在于对人类文明回首过往时，留下了清晰、简明、可信的坐标。据此，我们可以张开想象力的翅膀，预测各种可能的未来。

《人文精神的伟大冒险》（第七版）[美]菲利普·E.毕肖普/中信出版集团 2018年2月

这部"通史"，有词典的简练和精确，有手册的坐标和指南；有历史的条理和通达，有哲学的思辨和智慧；有古典的雅致和端庄，有现代的激情和张扬。它的核心，是力图回答"怎么认识自己"这个旷世难题。

上面几句话，也是我给这本书写的"推荐语"。最后还有一句"应该人手一册"。人手一册，我真这么以为。我很少这么以为。读这本书打印稿，时时让我想起另一本书《艺术，让人成为人》（北京大学出版社2012年版）。两部作品都是人文通识读本，要对照读才好。

为什么这么说？因为两部作品讲述的内容是我们最近三四代人常态教育中最最缺乏的，几乎等于零。这个缺乏，今天显出了它的不幸后果。补上这一课，对我们理解外部世界（他者），进而自知，怎么说都不为过。

简单说，文明包含两大方面，所谓器物和文化。两者齐头并进，文明（政治）体才不至于成为跛脚鸭。或者说，文化是文明的基石，抽掉这块基石，文明不成其为文明。这本书看上去讲了艺术各个门类的历史，其实它处处带出了文化史、思想史、精神史，以及人之为人的几乎所有方面的内容。作者为什么用adventure（冒险）这个词呢？因为作者的潜台词是：只有人文精神，才是人类每一步前行的侦察兵、探险队。它获胜了，人类便有望向前迈进；它失败了，人类便不幸在黑暗中徘徊。尾随黑暗的，一定是残酷和暴虐。人们不想生活在黑暗中，只有扛起人文的大纛，冒险涉水，勇敢地冲向对岸。

《观沧海：大航海时代诸文明的冲突与交流》林梅村/上海古籍出版社 2018年1月

这是一本论文合集，讲述了大航海时代几个世界交往与冲突的故事。主角是以南欧西（班牙）葡（萄牙）两国为代表的欧洲天主教世界、中近东穆斯林世界、南亚东南亚土著世界与明王朝的儒家世界，地点是南太平洋、印度洋等地，主题是贸易，捎带文化交流、宗教传播和军事冲突。

作者以考古材料为主，澄清了一些问题。比如双屿到底在哪儿，用事实证明了所谓朝贡贸易的真相，即它是朝廷不得已而为之的一种对外贸易方式；也接近证明了朝廷对对外贸易不感兴趣的国策传统。更多的，是梳理几个世界往来的路线、交易的具体方式和内容，以及其间的交融和冲突。为我们通过了解几个世界早期接触历史，理解它们后来的大规模冲突，以及近现代世界政治经济格局，提供了诸多难得、可靠的细节。

本书还有一个特点，就是配图精致，让读者对那个时代的解读一下子立体了起来。

《古代希腊》晏绍祥/北京师范大学出版社 2018年4月

作者深谙史学，以及现当代史学的转向，但仍然有勇有谋地坚持政治史的写法。理由亦很充分——希腊城邦的兴起和发展，是希腊文明的皇冠。皇冠上的明珠，是希腊的政治生活。通过考察希腊的政治生活，可以串联起来希腊文明的各个方面。

作者的一个贡献是，确定了希腊史的开端，即公元前3000年的克里特文明，下限是亚历山大大帝去世，即公元前323年。这一确定，不仅具有权威性，而且相当重要，它意味着希腊史经纬之"经"的确立。结合城邦政治之"纬"，编织将近三千年的希腊史，就有了坚实的框架。辉煌灿烂的希腊文明，就有了呈现的舞台。于是，这部为普通读者撰写的作品，就有了可信的基础。事实上，它就是一部迄今汉语写作的希腊信史。

据我所知，这不是作者第一次写希腊史，或许也不是最后一次，但肯定是至今最重要的一次。本书取得的成就，堪与国际同类著作媲美。

《葡萄牙海洋帝国史 1415—1825》顾卫民/上海社科院出版社 2018年1月

除了足球，估计多数人都忘了蕞尔小国葡萄牙，在近代有过极其辉煌的"业绩"——它是第一个世界性的海洋帝国，殖民脚步遍及世界；今天的全球贸易网络的最早奠基者，葡萄牙语曾是世界商业通用语言；殖民城市范式的创建者；西方五百年世界性传教的"开路先锋"；各大陆间动植物大交流的始作俑者……但是，在葡萄牙人开启殖民世界进程的当口，它的总人口数不过百万。

顾卫民教授的专著，当然不是为了普及有关葡萄牙的知识。他研究的着眼点，在葡萄牙人扩张冲动背后的动力学机制。也因此，顾教授把目光投向了当时葡萄牙的地理、历史、政治、经济、文化、思想、宗教,以及跟欧洲大陆各列强的关系的梳理和探索上来。事实上,他是把葡萄牙作为微型观测平台,让读者在其中展开的画面中,联想、体会近代世界的开端到底是怎么回事。

作者很重要的一个观点,是葡萄牙人领风气之先,跟它所处的地理位置关系重大。因为当时的欧洲只有西班牙和葡萄牙从来没有中断过跟"东方"的联系。正是葡萄牙在与阿拉伯人的缠斗中,建立起了近代国家。阿拉伯人堵住了通往东方的陆路贸易通道,葡萄牙人才义无反顾地扑向大海。作者另一个观点也很别致,从前中国学者少有人提,就是弥赛亚主义跟塞巴斯蒂安主义的合流,塑造了葡萄牙人的精神气质。在此,顾教授给读者提供了这样一个案例,就是光靠船坚炮利,无法取得"霸权"。要成为世界的领跑者,必须有坚实的精神发展成就作为后盾,否则必定是一地鸡毛。

顺便说一句,这本书比较厚重,将近六十万字。如果对它感兴趣,时间又有点吃紧,有个捷径可以一试——每个章节后面,都有千把字的"作者点评",径直读取就是。

《美国秩序的根基》[美]拉塞尔·柯克 / 江苏凤凰出版社 2018年7月

秩序与失序,是人群、社会、文化存在的两种状态。换句话说,每个人群、社会和文化,都有自己的生存秩序。"秩序是我们前行的路径,或者是赋予我们目的和意义的生活模式。"失序,便是丢掉了此前赖以生存的信念和法律。信念是道德秩序的内核,法律是世俗秩序的规条。一个人群建立秩序的目的,是追求正义和自由。正义与自由,定义了一个人群存在的合理性。

拉塞尔·柯克这本书,试图为美国秩序寻根溯源。作者以耶路撒冷、雅典、罗马和伦敦四座城市为象征,锁定美国秩序之源。它们分别代表信仰和伦理、理性和荣耀、美德和力量、法律和市场。如此,作者的眼光投向了三千三百年前给以色列人带来生存秩序的《圣经》,以此为轴心,一路追踪到美国人的发家处——英国清教徒的信仰,以及他们的法治、自由、保护产权和维护公平交易的传统。要了解美国,不能忽视作者提供的这整条线索。当今美国秩序的重建,恐怕也脱离不开这条线索。

《哲学起步》邓晓芒 / 商务印书馆 2017年11月

介绍这本书,因为它跟人类学有关,而人类学是文化、文明研究的重镇。这本书有一个创新或者说突破,就是提出了"人是制造、使用和携带工具的动物"。正如作者所说,这一提法不是一个单纯实证或考古学上的发现,而是一个哲学人类学的发现。哲学起步之处是哲学人类学,而哲学人类学是作者"建立的哲学体系的一个导言"。邓晓芒假定读者是哲学的"门外汉",通过引导他们对三个问题思考,将他们带入哲学的殿堂。这三个问题就是:我们从哪里来?我们是谁?我们到哪里去?三个问题构成了本书的三个章节,回答什么是人的本质、自我意识的本质,以及自由的本质问题。

其实,哲学人类学是他建立体系的方法。他的哲学体系的核心,是"人对自身本质的反思",是"自否定哲学"。他努力回答的三个关键问题都与人有关,是哲学的出发点——关于人的思考是哲学的首要问题,一直都是邓晓芒哲学的主要观点之一。

邓晓芒哲学是建立在古典哲学基础上的。他的独特发现,因而也构成他的哲学区别于古典哲学的,是人是"携带工具"的动物这一命题的提出。这是理解邓氏哲学的门径，人的自我意识、自由等等，都从这儿演化出来。

他希望哲学"小白"也能读懂他的"起步"——这个有着比较深刻寓意的词语，很可能让他的哲学体系，建立在一个坚实、自洽的基础上。因为说到底，哲学始于人的日常生活的困惑。在这个意义上，邓氏哲学又跟克尔凯郭尔的"存在主义"哲学有着内在的相通之处。

延伸读物：

《新世界史》（一、二卷）孙隆基/中信出版集团 2015年11月/2017年8月

《大历史：虚无与万物之间》[美]大卫·克里斯蒂安 等/北京联合出版公司 2016年8月

选这两部大书，是给阅读布罗代尔《文明史》、凯利《第五次开始》的读者作"课外"参考之用。它们从不同侧面声援了布罗代尔，扩展了凯利。通过它们，读者可以加强对布罗代尔和凯利关切问题的理解。

孙隆基先生在《新世界史》总序中说道，他的著述（对历史的新解释）是否成功，全看终末卷的努力。现在读者能看到的二十九章（第一卷十六章，第二卷十三章），总共八十万字，从"大地的形成"到中古时期。他的努力终末在第三卷还是第四卷，不得而知。

孙隆基把自己的书命名为"世界史"，在我看来，它更应该被称为文明史。其间所展开的画卷，甚至比布罗代尔的更加宏阔、壮丽。无论结构还是洞见，都担得起"新"的命名。在已可读的二十九章中，作者涉及了自古至今出现在人类历史舞台上的主要文明，它们的发生、演变和主要特征，以及对人类文明发展的贡献。两部作品的共同之处，是完全不同于别人的叙述思路和框架。布罗代尔是将史料引进哲思，孙隆基则在历史叙述中闪现着史识、史观的光芒。

"大历史"是晚近二十多年历史研究的新支。它几乎是站在上帝的位置看人类历史，目光投向遥远的宇宙生成年代。"大历史考察的，不仅仅是人类或地球的过去，而是整个宇宙的过去。"所以，在《大历史》中，凯利的"开始"（转折）换成了"门槛"（突破），"五次"增加到"八次"。无论"开始"还是"门槛"，都意味着全新事物的出现。

大历史研究努力的方向，是"试图建构关于整个时间的历史，回溯到宇宙的开端"，直至"当下的历史"。它之可能，全赖科学的进展（各种测量年代方法的出现），以及考古学和古文献学的飞速进步。如果说布罗代尔的尺度是万年，凯利的尺度是百万年，那么克里斯蒂安们（本书作者有三人）的尺度，是惊人的128亿（一说137亿）年。这个尺度，不是为了描写人类的渺小，而是赞美上帝的能量和人的价值；不是为了证明地球和人类的脆弱，而是表达在如此浩瀚无边的尺度面前，人类应该秉持的态度，就是谦卑和审慎地对待自然，和不同人群互为边界又同气相求的命运。

《文化与历史：文明比较研究导论》[美]菲利普·巴格比/商务印书馆 2018年7月

《多元现代性的反思：欧洲、中国及其他的阐释》[德]多米尼克·萨赫森迈尔 等/商务印书馆 2017年12月

严格说，文明研究的热潮，一战前后是预热，二战前后广泛深耕，最近三十年，可谓枝蔓丛生、漫天遍野。用朱维铮先生的话说，巴格比的书，没有多少创见，但却是读者"了解西方文化学概况的一部中介性读物"。朱维铮的这句话，写于三十二年前，遗憾的是，在不算短的时间里，中国大陆的文明、文化学研究，尤其是理论研究方面，没有"突破性的改进"——

这几个字也是朱先生对巴格比书的评价。当年朱先生向读者推荐此书，在我看来，今天仍不过时。因为巴格比的著述，"中介"了文明、文化研究再次兴盛之前几乎所有的研究成果，可以作为中国学者踏入该领域的垫脚石。

萨赫森迈尔编写的这本书，用意在呈现21世纪初现代化研究转向多元现代性理论的状况。这一转向的中心题旨，是"文化的混杂和流动性"。它接续上了巴格比"中介"的尾声，即文化的传播理论，力图搭建现代性研究中"文化移动、迁移的主体架构"，而文化的混杂和多元性，正包含在现代性的文化跨越之中。

这是一本比较研究的论文合集，欧洲与中国的比较是本书的重要内容。参与讨论的，有中国大陆读者非常熟悉的学者杜赞奇、艾森斯塔特、杜维明、金耀基、魏斐德等。很多作者是历史研究大家，可见文化、现代性研究必须搭上历史这列火车。在这层意义上，巴格比和萨赫森迈尔，可作上面介绍的作品的对勘读物。

《希腊奇迹的观念基础：荷马史诗与西方认知史的开源研究》陈中梅 / 上海文艺出版社 2018年6月

陈先生是中国大陆研究荷马史诗的顶尖人物。他两度翻译《伊利亚特》《奥德赛》，还译过亚里士多德的《诗学》，以及埃斯库罗斯的戏剧集。我个人就是通过读《荷马史诗研究》认识他的。

主书名和副书名清楚标示了作者的问题意识，其重要性自不待言。我把它作为晏绍祥和毕肖普作品的延伸读物介绍给读者。作为更坚深可信的学术作品，它佐证毕肖普写作的用意和结论，深化了晏绍祥研究的基础。

希腊文明养育出罗马共和，文艺复兴的主题是跟希腊、罗马的文化、制度创造衔接。当今西方的民主制度，出自对希腊、罗马法治、政体原则的再造。在书中，陈提出了"观念资本"概念，系统化了他早先提出的、理解希腊观念世界的"秘索思－逻格斯模式"，认为后者"具备广阔而深远的应用前景"，指出前者"有赖于旷日持久的积累"。以陈的理论为背景，我们或可得出结论：观念的延续，对检验一个文明的成色，比之其他更为重要。

《文明给谁看》钱满素 / 东方出版社 2018年6月

《英美文明与其不满者：超越东西方的文明身份》[美]彼得·J.卡赞斯坦 主编 / 上海人民出版社 2018年6月

所选两部作品，都是理解柯克的延伸阅读物。钱满素的《文明给谁看》纵横美国文明，四十几个篇什涵盖了其主要方面，从政治到文学，从制度到观念。在简单的自序中，作者记下了几句深刻且得体的话，是对她三十余年美国研究动因的注释——"宽容是刚从'文革'走出来的中国人最不习惯的思维方式"。她要顺着美国，寻找"宽容"的故土；"文明的形态和兴衰"是"人类发展中更为本质更具规律性的东西"；走出洞穴，"从井外向井里仔细观望"，从而理解井的特点，以及"它与外部世界的关系"；逃离旧思维窠臼，"尝试着用人类的角度来观察其创造的各种文明"。文明从来不仅止于器物、方法，作者给予我们思考的养料，更多是非器物层面的东西，比如制度和价值。"文明给谁看"呢？给自己，也给他人，而且天也在看。

卡赞斯坦是当今政治学研究领域的翘楚，国际政治学建构理论的掌门人之一。建构主义的核心观念是，国家之间组成一个结构，行动者跟结构相互塑造。该理论是反理性主义的。

读柯克时对勘卡赞斯坦，读者会获得左右两个视角，延展对（英）美国立国核心原则的认知。卡赞斯坦主编的论文，偏左翼立场，不仅认为英美文明只是广义西方文明的一支，跟其他文明互为存在，彼此交流、借鉴，甚至它的内部也不是铁板一块，而且仍处在流动之中。作者们的这一看法，与柯克几乎是对立的。柯克深挖（英）美国立国思想内核，清晰地描画出保守主义这条思想脉络，并将其置于圣经立约传统。中国读者或能从英美内部自我认知的"分歧"中受益，避免盲人摸象，判断失误。